行者系列

溪畔灯微

社会经济史研究杂谈

刘志伟　著

北京师范大学出版集团
BEIJING NORMAL UNIVERSITY PUBLISHING GROUP
北京师范大学出版社

◎ 题　解

　　把这些文字编在一起，用这样一个书名，也许需要做一点交代。

　　岁月如矢，倏忽已入耆年。日暮之时，总不免常常回首走过的路，以旧时之记忆，激励前行的意志和信念。

　　我人生中走过最刻骨铭心的路，是在1969年春天的一个夜晚，大约九十点钟，我独自一人，沿着一条20华里的山路走出深山。当时，我刚过13岁，小学没有毕业就因为"文革"结束了学业，1968年"复课闹革命"时，小伙伴们直接进到中学，我却被拒于校门外，只好跟着父母到了干校，失学大半年。那天晚上，白天到城里办理公务的叔叔带回一个消息，说学校愿意接纳我回校上学。听到这消息，我兴奋不已，马上找了两根棍子拿在手上壮胆，独自一人从山里走去县城。

那片深山，在 1968 年秋天开辟为五七干校之前，是荒无人烟之地，山中不仅有很多的山猪，还有当时还没有灭绝的山牛、老虎和其他野兽，春天更是毒蛇复苏出没之季。我一路上挥动着手中的棍棒，心中充满对山林的恐惧，更怀有对求学的憧憬。山路沿着一条山溪延伸，大约一个多小时的路程，没有任何村落人家，漆黑一团，一路伴我行走的，是潺潺溪水声；走了一个多小时，才渐渐看到远处村落的微弱灯火……

这条路我当时只走了两个多小时，但后来半个世纪的人生道路，我一直觉得都是这条路的延伸，自己永远只是在这条路上前行。这是我通向知识、思想、学问之路，无论一路有多少崎岖，黑夜如何笼罩，潺潺清澈的溪水都在伴我前行，远方微弱的灯火，在我前方闪烁，驱策我前奔。50 年来，少年时走在这条路上涌出的情感，激发的精神，在我心中萦绕不散，越到暮年，越不能释怀。很遗憾的是，我不会赋诗作词，无法用自己的文字来表达这种情怀，于是就从古人笔下去寻找。我读到明人王世懋这首《建阳道中夜行口号》诗，顿在心中引发强烈的共鸣：

悔将名姓挂词场，老去传经意转忙。
岁事惯从行色尽，宵征偏觉畏途长。
春前响急知溪畔，雨外灯微识建阳。
潦倒若为持自解，武夷山好荔枝香。

这首诗,不仅生动地写出了我在黑夜山路上前行的感受,把那以后我在治学道路上的经历也烘托出来,写出已过花甲耆年之我的心境。这本集子所收诸篇,主要是我近年来在种种场合发表的言论被记录下来的文字,所谈大都是我多年读书时思过想过,但又未能以专论方式写出来的话题。以演讲和接受访谈的口述方式,记下自己多年读书中的思考,同学界交流,可以说是一个走近迟暮的学人仍努力前行的一种方式。这种以口头表达出来的见解,虽然不那么严谨,但确实是一路在学术之溪畔行走着,由遥遥前方闪烁着的微弱灯火引领,反复回旋于脑中的杂念。汇编这本小集子的时候,编辑让我起个书名,一直盘绕在我脑子里的,总是想找到合适的字句,表达这种"不需愁日暮,自有一灯燃"的心绪。于是,我从这首明人的诗中捡出"溪畔灯微"四字,我想,这四个字烘托出了这首诗的全部意境,溪水的声响和前方的微灯,永远在我探索思考的道路上伴我前行。

2019年5月28日记于
北京大学静园二院

目
录

◎ 代序：数字化时代对历史学的挑战

历史学是我们对已经过去的事情的记录和反思，历史学全部的研究对象就是人类活动留下的信息。形成并保存这些信息的媒体多种多样，可以是人类的创造物，可以是保存的声音图像的媒介，还可以是写在纸上、刻在石头或其他物质材料上的各种符号，还可以是通过各种介质保存的数字信号。因此，信息媒介的改变，对历史学研究必然有着很大的冲击。现代历史学研究的整套方法，是由处理以纸本（包括金石、简帛等）媒介为主要对象发展起来的，同时在处理器物和口传信息方面也积累了一定的经验。但今天面对的，是在数字化技术的发展及其在社会生活各个领域全面渗透的时代，信息载体和传播模式的更新，对我们整个历史学，特别是在历史观、历史认知的方式和历史研究的手段、历史教学的模式上，都有着全面的冲击。这场学科和知识的革命，也许现在大家感觉还不是太强烈，但我相信若干年之后可能就会有非常强烈的感觉。在这个 IT 时代，数字化全面渗透到人们的日常生活之中，将会改变我们整整一代人。

在谈论数字化技术的发展对历史学研究人才培养的影响的时候，可能大家首先会想到的是为我们的研究提供了什么方便。譬如大家会马上受益的，就是历史文献数字化之后，做历史研究就便捷多了。的确，就研究资料的数字化来说，在全世界的范围里面，已经发展得非常迅速，在人文社会科学各个学科里面，对于数字化技术的运用，也许历史学是最大的受益者。到今天，我们在研究中所用的历史文献，在数字化的世界里，可以说应有尽有。其中相当大的部分，几乎都在网上。在美国、英国、日本这些国家，19 世纪以前的文献和档案，大部分都数字化了。在中国，像四库全书、四库存目、四库禁毁等四库类的大型资料丛书，许许多多的档案，还有很多很多的各类文献，也大部分数字化了。现在在做的，如中国基本古籍库、方志库、谱牒库等大型的历史文献数字库，非常迅速地把我们过去千辛万苦到处去找的善本、珍本文献，也基本上都数字化了。这毫无疑问都给我们的历史教学和历史研究提供了前所未有的便利。在这个方面，我想已经不需要做什么讨论了。

我这里想讨论的，也许是更需要我们去面对，去思考，去探索的，信息资料的数字化，将给历史学带来怎样的改变。尤其是未来的历史学，要面对的历史记录几乎全部是数字化的记录，那个时候，历史学家如何从这样的资料中去解读历史，就会成为新的问题。举个很简单的例子，在座各位都熟悉，今天很多个人的生活和心迹，都是在BBS、博客、微博，乃至今天的QQ、微信里记录下来的。结果是，以后研究当代的历史，尤其是普通人的历史、社会文化史、心态史、生活史等，这些社交媒体都可能是我们未来面对的最主要的历史记录。对这样的资料，历史学研究怎么处理？以我们以往几千年积累下来的历史研究经验和方法手段，以我们习以为常的历史学认知的方式来说，其实是没法利用这些社交媒体上的信息作为史料来研究的。也许可以认为这种个人随意写作的文字不重要，但这不是一种诚实的态度。这个问题我们现在或者可以回避，但50年后就必须面对。就像我们今天研究20世纪50年代的历史，必须研究企业的会议记录、生产队的工分簿、私人的通信一样。我们必须开始思考50年之后的历史学怎么办的问题。

历史学是一个重构过去时代的学科，我们这些史学工作者的全部本事，就是通过对史料的搜集、辨别、认读和解释，重构过去发生的事情，表达我们对过去发生的事情的看法。在数字化技术之下，虚拟空间在现实生活中越来越具有重要的实在性。当我们重构历史的时候，我们尤其需要把握和理解虚拟世界与现实世界的互动。历史学者都懂得，我们的研究过程，时时刻刻都在面对的，一个是客体化的历史资料、历史记载，一个是历史研究者自己的主体性，这两者之间需要打通，就是所谓理解的同情。所以，历史研究者最需要了解的，是自己面对的资料，是如何产生出来的，这些资料是如何表达现实与观念的统一。正因为这样，我们在面对数字化的资料的时候，就不能只是把它们看成是一种可以方便地检索的数据，更要明白这样一种资料表达的观念和精神世界和现实的物质世界之间的关系。

我们可以设想一下，若干年后历史学者要面对的是什么呢？现代的学生，很小的时候就在电子游戏制造出来的虚拟世界中成长，当他们长大，上大学之后，拥有了自己的电脑，他们更是有相当大比例的时间生存在一个比游戏机还要广阔的虚拟空间里面。尤其在中国还有独生子女的问题。我最近看到一个地方讨论为什么中国人的世界对网络特别地依赖，其中就谈到了独生子女的生存状态的问题。在这样的时代成长起来的孩子，他们的生活经验和我们就是完全不同，他们的世界观，他们在这样的状态下形成的空间概念，以及他们的感情世界，都跟我们不一样，甚至他们的思维逻辑也和我们不一样。可是，我们现在在研究的历史，我们现在在教的历史，最终还是要由这一代人接受并传承下去。我们当然可以守住历史学的看家本领——我们这个最古老的学科过去一直在做的研究。可以，这可能只能在少数人中坚持，大部分的新人类是不能接受的。现在各种数据库的建设，使数以千万计，甚至数以亿计的图书文献都可以在网上检索，那么学生交作业的时候会用全文检索，我们当然可以时常教导学生说，你们不要靠网上搜索来做研究，那不是研究的正途。但坦白说，我认为最终这种说教是没有用的，我很怀疑学生会听吗？最后的失败者可能是我们。我们可以提醒人们警惕全文检索的弊病和局限性在哪里，但不能真正阻止人们主要依赖全文检索去做研究，人们最后一定会非常依赖这种手段。其实，我们自己到现在也不能不依赖，很多老一辈的学者的作品，都可以看到使用了这种检索的痕迹。事实上，使用检索没有什么错，在清代，有《佩文韵府》一类检索工具，到了民国以后，各种"引得"对学术研究起到了非常积极的作用，今天的数字化检索手段，对历史学研究实在是提供了极大的便利。所以，问题不在于是否能够或者是否应该使用检索，而在于我们对数字化的检索带来的便利和弊病要有充分的自觉。我们要清醒地认识到，在面对这样一种现实的时候，我们整个历史学人才的培养，甚至历史研究的范式，正在面临着一种很大的挑战。

用检索代替阅读，这是数字化时代带来的一个问题，但问题还不只是在阅读环节上，要更进一步面对的变化，是人们的写作习惯的改变。在电脑阅读和电脑写作中长大的新一代，习惯于散漫的表达，习惯于关键词的重复，习惯于没有缜密的逻辑，习惯于没有起承转合。我们这些旧时代的人看着新人的作品，当然常常看得很生气，但我们也要明白，之所以出现这样的趋势，是因为网络，尤其是超文本链接的阅读，与我们传统的阅读习惯有很大的区别。甚至即使不是超文本，也培养出了超文本阅读的习惯。现在的网络表述，根本不需要书本那种严密的逻辑，写作者和阅读者之间也不可能用同一思维逻辑，这个改变，是一个非常重要的哲学问题，我这里先不展开。但我想提醒的是，在网络和超文本的表达中，每个人都可以很随意地把自己暴露出来，他们所说的思维其实就是自己非常个人的主观意识。甚至可能其实他自己也不知道在讲什么。再加上在更深层次上，我们看到数字化时代学生的学习和生活有一个趋势，就是用读图来取代读文字，他们对历史的了解习惯于图像，他们对图像很有感觉，但是对文字的感觉就迟钝多了，文字刺激不了他们。由多维的图像和超文本构建的虚拟空间取代了以往有严密语言逻辑的文字阅读，这就是数字化时代的现实。虽然我们可以在同一空间里，用我们习惯的文字方式在网络上建立一个空间，但现在的孩子们习惯通过图像、通过数字化的虚拟的空间来重塑历史的事实，这必然给我们的历史教学带来很大的问题。

数字化时代对我们这个非常古老的学科还有一个冲击，就是权威的丧失。在没有文字的口述传承的时代，历史是为极少数人掌握的。有了文字以后，通过文字记录历史，是一个国家的统治者的特权。即使到了近代，社会民主化了，识字率提高了，印刷术也普及了，历史还是掌握在少数人手里，掌握在我们这些叫作历史学家的人手里。虽然我们也许不会有意地垄断历史叙述和历史知识，但是我们摆脱不了我们作为历史知识传播者的这种权威的意识。尤其是学生跟老师的关系，我们现在还是习惯于知识的传授。但是现在我们也许越来越能够感受到，在我们的教学过程中，出现了一个非常大的反差，学生们好像都很努力地学习，但教师们越来越多地抱怨学生没有学好；在学生那里，也有一个很强的反差，学生进入课堂，接受的是我们这种带有权威性的知识的传授，但是他走出教室后，可能马上就进入另一种世界中，特别是一些比较主动的学生，他们会在一个网络制造出来的知识空间，在一个信息技术建立的世界中寻求资源，塑造自己的知识架构和自己对世界的看法。所以我们会感叹，好像教师对学生的影响是越来越小了。这是我们必须面对的一个事实，在这个情况下，我们不能不正视 IT 技术对我们整个教学的冲击。数字化的时代，资讯科技给人文学科带来的负面冲击肯定是有的，但是更值得我们探索的是我们怎样从我们习惯上看上去有负面影响的事物中寻找到正面的意义。我们要主动地利用这些数字化技术，如多媒体、超文本、网络化等，将它们运用到教学中去。

　　未来世界，知识的形成、传播、接受、传承都会不可逆转地发生改变，知识权威一定会在这个世界中被破坏，每一个在这个世界中的人都可以成为知识的创造者。这种知识权威的丧失，对未来人类的知识体系是一个很大的挑战。我们要做的，是怎样在这个时代改变我们的知识传播，这毫无疑问是一个迫切的问题。

这个问题的涉及面是非常广的，这里用一个简单的例子来说说。我们这代人读书的时候都受到了严格的版本学、目录学的训练，这可能是永远不能放弃的训练，尤其是传统的目录学，牵涉到传承我国古代知识体系的分类的问题。但是，在过去，我们掌握这个体系和我们运用文献是一致的，所以，我们觉得掌握好目录学，不仅仅是一个资料检索的便利，也塑造了我们对古代世界的认知结构。但现在的学生可能会认为他们不需要掌握古籍目录学了，因为现在他们要找的所有的书都在网上，现在很多图书馆的网上目录取消了分类检索，只有书名检索、作者检索等，这样就把我们原来版本目录学塑造的知识结构给破坏掉了。还有一个改变也是很直观的例子，过去很多学者花费很长时间做出来的引得，现在全部成了废纸。这是一个非常残酷的现实。我们的学生今天也许需要接受与我们之前不一样的训练。例如，网上的东西的真伪怎么判断？我们每天都使用的社交媒体上的信息，到我们需要引用的时候已经删除了，怎么办？对于传统的典籍，我们还可以用版本、目录、校勘等传统学问的功夫来研究，以后对于数字化、网络化的资讯，我们怎么判断、考证和诠释？

如果不发展出一种面对在新媒体中保存和传播的信息的历史文献学方法，那么是否意味着我们再也不能研究20世纪80年代以后的历史，甚至整个20世纪的历史？比如，20世纪初的报纸纸张已经不能再使用，做成了缩微胶卷，甚至数字化的图像，那么这些文献的真伪怎么判断，需要有新的方法和技术，这些都是我们很迫切需要解决的问题。

还有一个更为抽象的层次，是历史场景的复原或历史空间的重构问题。我们研究历史强调回到历史现场，以往我们在纸本和文字媒介的方式下，用的是写情、写景、写实的手法去描写，然后读者可以从文字制造出来的情景和意境中去想象。采用数字化技术，和以前很多写情、写景、写实的文字描述不一样，我们在教学生的时候要尽可能让学生听到声音、看到图像，并身临其境。新一代已经接受了这种认识世界的方式，那么我们的历史教学面对这个问题怎么办？还有我们历史学科讲究的真实问题，史料真实、历史事实的真实，怎么帮助学生从虚拟空间中建立历史的认知，等等，需要我们通过长期实践来建立起新史学的范式，很多东西，我们现在还一定是朦胧的，但作为一个历史学者，我们需要在这个重大变革的时代面前，对未来的挑战有更多的自觉，并努力在自己的教学和研究实践中探索。

（2018年1月10日在中山大学举办的"数字人文与东亚文献共享国际学术会议"上的主题发言）

经济史谭

◎ 改革开放四十年明清社会经济史
研究的路径与方向

　　改革开放 40 年，中国历史各个断代的研究都取得了很多重大的进展，中国史研究在整体上发生了巨大的变化。我所从事的明清社会经济史研究也是一样，甚至在某种意义上，可能比其他断代或专门史的变化更引人瞩目。这不是说我们做得比其他领域的学者好，而是因为明清社会经济史本来就是在 20 世纪新史学的体系下发展起来的新领域。传统史学里并没有这样一个领域，本来就缺乏深厚的学术基础，更没有体系化的理论和方法。经过近几十年的发展，明清社会经济史不仅有了基本的问题格局，而且方法上初步自成体系，形成了与传统史学明显不同的学术议题和研究范式。

　　但是，就明清社会经济史研究来说，改革开放 40 年不应该被看作是一个由断裂或转折划分出来的独立阶段。事实上，至少在前20年，大致上从20世纪70年代末到90年代末（这个时间点很难清晰划断，在某种意义上甚至可以说到今天还在延续），明清社会经济史研究基本上是延续着20世纪五六十年代的路径发展的。如果说改革开放是一个转变的时间标志，那么这个转变不是20世纪五六十年代开始的路径的转变，而是重新回到五六十年代的路径上。我们都记得，改革开放初期，各行各业的改革都是以"拨乱反正"为目标的。这个"正"，就是五六十年代走出来的"正"，这个"乱"则是十年动乱期间对学术的摧残和后来的以"儒法斗争"为主线的影射史学。所以，70年代末以后，明清社会经济史研究主要是把五六十年代的学术脉络接续起来，在当时以经济工作为中心的大风气下，明清社会经济史一度热闹起来。当时活跃的学者，主要包括了两代人，一是在五六十年代开创并奠定了明清社会经济史基本格局的老一代学者，一是在五六十年代开始跟随上一代学者进入明清社会经济史研究之门的当时的年轻学者。这两代学者在五六十年代提出的问题和积累的研究经验基础上，在70年代末以后的十几二十年间出版了一批成果，这些成果，可以说是五六十年代以来的研究集大成的总结性的成果，建构了一个关于明清社会经济的比较完整的知识和解释体系。这个社会经济史的体系影响之深，今天仍然主导着知识界对中国前近代社会经济状况的理解，年青一代的研究者虽然越来越少提及这个时期的成果，但实际上并不能真正摆脱或者超越这个经济史体系的核心范畴和基本原理。例如，资本主义萌芽、专制主义中央集权的王朝国家、地主经济与小农经济、地权形态与租佃关系、商品经济与市场结构、市镇与城市发展、海外贸易等议题，都是从五六十年代提出来，到八九十年代才真正形成比较系统化的解释。这些议题一直持续到今天，都仍然是明清社会经济史的主题和基本内容。

然而，我们不能由此引出改革开放 40 年明清社会经济史没有发生巨大转变的认识，也不应否定或者贬低这个转变在中国史学转向中的意义。前面所说的延续五六十年代走出来的路径，固然是一种承前，但实际发生的影响和意义，更体现在启后。

首先，前面提到的两代学者，在继续推进他们在五六十年代已经开始努力展开的研究方向的时候，在深化和总结其研究成果的时候，不仅仅是在已经提出的问题框架下，形成了比较系统的解释，更把他们在研究中发现的问题、许多的疑惑提了出来，尤其是原来的理论框架不能自圆其说的，与历史事实不能吻合的，从既有的逻辑上引申出来的，由新发掘的史料和史实导出的，种种的新问题，都在八九十年代逐渐萌生出来。当时的研究有一种比较共同的处境，就是，一方面，仍然有一套似乎定型的大家深信不疑的理论，另一方面，在研究中被认识到的越来越多细致复杂的事实，直接套入这套理论时，常常要面对逻辑上的矛盾乃至陷于悖论中。于是，打通历史事实与固有理论逻辑之间的关联，在理论上提出修正或建立新的解释，成为当时明清社会经济史研究一种努力的方向。例如，封建社会长期延续的理论假设与明清时期社会经济显著的发展变化事实之间的矛盾，地主经济与商品经济的关系，小农经营方式与大地主土地所有制的关系，生产者人身依附关系松解与宗族社会发展的关系，全国性市场的性质与国内市场发育程度的关系，江南市镇经济的繁荣与江南社会经济性质问题，等等，这些都隐含或呼唤着新的历史视角，新的议题和解释逻辑，甚至潜在地引出新社会经济史研究新方向的追求。老一辈的学者不仅把几十年的研究推向深入，奠定了一个很好的基础，而且不满足于一些教条化的历史解释，从历史事实出发去推进社会经济史解释体系的建立。他们的努力在客观上把研究方向拉向新的领域，为后面 20 年的学术转向奠定了基础。

这种学术转向的另一重要的动力，来自改革开放 40 年中新一代研究者的探索。从 1978 年开始，随着研究生制度的恢复，一批年轻人通过研究生的渠道进入明清经济史的研究领域，他们在上面说到的两代学者的指导下，一方面直接继承了前辈开辟的研究路径，另一方面更努力去探索向前推进的方向。这个时候，整个中国历史学界都在热切地探索历史研究的新方向和新路径，战后哲学社会科学各学科发展出来种种学说和方法，也触动着研究者的思想，打开了研究者的眼界。与此同时，欧美、日本和台湾地区的明清社会经济史研究的许多成果也给大陆地区新一代学者提供了启发和刺激。在这样的学术气氛下，在前20年，年青一代学者主要还是跟随上两代学者的问题意识和研究套路，在此基础上，先从扩大视野、拓深问题入手，引出新的问题，提出新的解释，进入新的领域，逐渐形成社会经济史研究的新格局。到后20年，当这代学者逐渐成熟的时候，一些新的方向和课题已经渐渐明晰起来，他们后来指导的学生，越来越多地在新的研究框架中拓展新领域。

因此，我们回顾40年明清社会经济史的新进展时，既要立足于明清社会经济史一以贯之的学术传统的延续，又要敏感地把握着这种在延续中逐渐发展出来的新方向。沿着"旧路径"走出"新方向"，可以说是改革开放40年明清社会经济史发展的一个特色。之所以能够这样走过来，主要是因为从历史学的整体上看，我们这个学科的所谓"旧路径"本身就是"新方向"，从一开始就是以用新材料研究新问题发展起来的。最近20年的所谓"新发展"，也主要是研究新材料的大规模拓展，推动了研究问题的不断更新。

所谓"新材料"，主要有两方面，一是传世文献利用的大规模扩展，这点可能是与宋元以前各断代史相比，最明显的一个特点。明清时期由士大夫、文人、官员制造的文献典籍，流传下来收藏在各种公私机构的数量，是以前历朝无法比拟的。但在20世纪90年代以前，这些文献大部分都不容易被研究者看到，在研究中得到全面利用就更是无从谈起。那个时候，我估计90%甚至更高比重的传世文献，或者是研究者没有很好利用的，或者是根本就看不到的。例如，明代的地方志、明人文集，过去能看到还被利用的，就相当少。记得90年代以前的研究者，很多还依赖《古今图书集成》中辑录的文献，还有《天下郡国利病书》抄录的明代到清初的地方志，从一些类书中转引也是常见的方式，很少能直接利用原书原版。还有各种政书，《续文献通考》《清文献通考》还是最常用的资料来源，各种则例、条例还是很少能被研究者利用，甚至连《明实录》，研究者使用起来都不是很方便，利用于研究中也还不是很普遍。至于文集，在相当长一段时间内，贺长龄的《清经世文编》和60年代中华书局影印出版的《明经世文编》，还是研究者引用文集文献的主要来源，最好的情况也不过是《四部丛刊》里收入的少量文集。80年代以后，大量的明清时期的传世文献被编辑影印出版，尤其是几部"四库"丛书的编辑出版，乃至近年来各种珍本稀见本丛书的出版，在明清史学者面前展开了一个浩如烟海的文献世界。

与此同时，利用传世文献建立的各种古籍数据库，甚至更大型史料丛书的电子版的出现，对于明清史研究的学者，尤其是年青一代的新入门者来说，更是开启了通往文献海洋的捷径。虽然大家也都懂得史料需要完整细心阅读的道理，但对苦于耗终生之力也无法涉猎本朝史料之万一的明清史学者来说，各种古籍数据库的建立，不但大大增多了可以阅读到的史料，更使得史料的可用范围大大扩展，从不同史料的关联和比对中揭示新史实和历史细节的能力也大大提升。

虽然就形式上看，这好像只是传统史料的量的增长，但由于这个量实际上包含着质的变化，史料性质以及史料的呈现能力在这个变化中发生了根本性改变，因此我把这看成是新史料的一种形式。这种史料利用的扩大，对明清史，尤其是对明清社会经济史研究的发展产生的影响是非常明显的。特别是近年来很多年轻人的新研究，研究题目越来越细小，发掘出来的历史细节越来越清晰，甚至揭示出很多过去几乎不知道或者没有给予足够关注的事实，包括制度的细节和史实的构成，过去很多只有笼而统之的了解的典故，其复杂性和层次感都被细致地展示出来，都不能不承认是这种"新史料"的推动结果。

由于近年来的这些新成果，明清时期社会经济生活的方方面面，在不太长的时间里大大丰富和鲜活起来。这种历史细节的丰富和具体化，隐含着大量的新问题，重新思考和构建一种新的关于明清时期的社会经济的解释架构呼之欲出。

明清社会经济史研究的新材料，另一个重要的进展，当然是大家都已经很熟悉的，民间文书和地方档案的大量发现，以及有计划的整理和初步的研究。这个方面的进展，也许是明清社会经济史研究领域最引人瞩目的。在这个方面，20世纪90年代以前，民间文书的搜集和利用，主要在于各种契约和工商业碑刻。研究的重点特别集中在土地契约和租佃契约上，老一代学者的研究奠定了民间契约研究的基础，并形成了初步的理论和方法架构。最近二三十年，民间文书的搜集和研究，在种类上大大丰富起来。除了契约文书，账本、地籍册、户籍册、赋役册、分家书、日记、宗教文书等，都大量进入研究者的视野，开始了单种或多种综合的研究。加上我主张也应该归类到民间文献的家谱族谱，不仅大量成为很多研究者竞相追逐的材料，而且利用族谱的研究成果，更是蔚成大观。地方碑刻资料的搜集整理，成果丰硕。还有地方衙门或机构的档案的整理，也成绩斐然。对这些新材料的发掘、考释和研究，不仅形成了很多新的学问和研究技术，更将历史研究的视角、认知与解释方法，大大抛离了传统史学的套路。这种研究的兴趣和热情，目前正方兴未艾，俨然有成为明清社会经济史研究主流学术方向之势。

可以说，改革开放40年明清社会经济史研究的最重要的进展，最大的成绩主要表现在新史料的利用上，至于理论和历史解释，在整体上和基本的结构上，我认为基本上还仍然沿着以往的路径惯性地推进。然而，新材料的利用和研究，已经大大扩展了人们的学术视野，尤其是最近20年，通过新材料发掘出很多过去根本不入学者法眼的现象和话题，学者投入关注的史实比起以前成十倍、百倍地增长，我们走进书店看看明清史近年来出版作品的书名就可以知道，很多话题过去是想都不会去想，甚至根本不知道的，现在很多都成为热门话题，这种新局面很大程度上得益于上述两种新史料途径的拓展。

学界有一种声音质疑这种由新材料引出来的对历史和社会细节的搜剔考辨，对于历史研究的价值有多大，我不能说每一位专注于这种细节研究的学者都一定有足够的学术自觉和清晰的理论思考或追求，不排除很多研究者可能是追随他人的兴趣纠缠在许多细节上，也不一定每一个研究都一定先有明确的理论预设和问题意识才会专注于这些具体的情节，很多也确实是出于个人某种兴趣或为从众心态驱使。但是，这种利用新材料展开的研究，在其总体的方向上，一开始就是在一种宏大的历史关怀和学术追求下发展出来的，这种追求就是顾颉刚在《民俗》周刊《发刊词》上提出的"要探检各种民众的生活，民众的欲求，来认识整个的社会！"。在这样的信念下，普通人日常生活的细节，都理所当然应该成为历史学者认识整个社会的基础。事实上，在新材料中发掘出的种种民间社会的物事、现象、规制、俗例、实践方式等细节，也许在传统史学的视野和架构下是没有多少意义的，但对于坚信通过新史学，打开人类理解自己社会和历史的新视野的研究者而言，他们头脑里都有非常清晰的理论关怀、非常明确的目标追求，否则他们也不可能对那些细节产生敏感和兴趣。怀疑和轻视这些细节研究，只是因为不明白这种研究具有更宏远的理论追求而已。更重要的是，即使单个的研究者专注于特定研究对象的精细勘查考释时也许比较盲目，但我们要相信，只要历史中的新的事物和新的细节被认识、被厘清、被重构，累积起来，就一定会引出对大问题的思考，一定会引出对既有知识的质疑或修正，也一定是建构新历史体系不可缺少的工作。我们从近年来许多研究的进展，已经看到明清社会经济史的学术解释体系，正是在这些研究的基础上悄然地发生着重大的变化。例如，在回应当今国家和社会特别关注的中国社会治理模式的问题时，由明清时期基层传统乡村社会的研究引出来的问题意识和研究路径，已经显露出理论和方法创新的价值。

回顾40年明清社会经济史研究走过的路，我们有信心，只要坚持从对历史事实的兴趣出发，在新材料中发现新问题，从新的问题发展出新的理论关怀和思考，这个中国史学的年轻领域就一定可以为重写中国历史添加新篇章。

（2018年12月22日在山东大学"改革开放四十年中国古代史断代研究的回顾与反思"学术研讨会上的发言）

◎《剑桥中国经济史：古代到 19 世纪》之我见

　　万志英（Richard von Glahn）教授的《剑桥中国经济史》虽然是一部面向英文读者的普及读物，但是无论是在写作体例、叙述方式上，还是在对中国经济史许多新研究成果的吸收、探索构建中国经济史的新解释体系上，都做了非常专业的努力，对我们建立中国经济通史的新体例，有很大的启发。

　　该书是一部在"打通"经济通史经络方面做了新的努力的著作。以往有关中国经济史的研究，无论是中国的马克思主义史学还是西方的中国经济史研究，基本上是从对近代以后中国的经济发展或不发展的关怀出发，基于近代经济的基本范畴和问题向前追溯，形成对中国历史上经济状况和发展过程的认识和叙事方式。从中国古代经济运行和演变本身的问题和逻辑出发，建立对中国经济史基本原理和长期变迁的认识，一般都还比较薄弱。而该书前三章在利用近年来关于古代中国社会制度和经济问题研究成果的基础上，立足于中国古代经济状况，对秦汉以前的经济史着墨甚多，尤其重点讨论春秋战国到秦汉时期形成的经济结构，对此有相当深入的叙述。全书从古代经济的问题带出后世经济变迁的线索，勾勒出了中国经济理论、经济制度和经济观念的基本逻辑，有助于读者对中国经济史形成基础性、结构性的思考。我在阅读时对这点印象特别深刻，深受教益。

该书之所以重视从中国古代经济体制形成的早期历史着力，用相对较大的篇幅考察先秦和秦汉时期的经济，也许是基于作者在引言中所表达的对当代中国经济史研究过于专注于市场动力，而忽略国家和制度因素的惯性进行的非常精到和深刻的反思。从这种反思中，作者引出了要重视帝国及其制度与经济扩张关系的主张。

该书重视王朝制度因素对经济史发展影响的主张，非常明显地呈现在全书很多章节的论述中。例如，在第七章"江南经济的全盛期（1127—1550年）"中，作者从财政政策入手论述南宋时期的经济状况，这在英文的中国经济史著作中是一个富有新意的特色；第八章"市场经济的成熟（1550—1800年）"也谈到了诸多社会制度和文化的问题，与过往很多英文写作的经济史著作中就经济谈经济的写法有明显的不同，实现了作者的希望——"为比较经济史研究提供一套新的基准"①。

在强调国家制度的影响的同时，万志英教授的这部经济通史还擅长把宏观视野以及宏大论题同细节呈现结合起来，很多重大的问题能够借助具体的历史案例展现宏观经济的面貌，以小见大。例如，讲到明代前期的经济转变时，通过徽州一个农户的家庭和土地交易情况，展示了当时充满竞争的不稳定的经济环境，显示出即便在当时宏观经济水平处于停滞的时代，市场仍然发挥着深远的影响。在一部篇幅有限的经济通史中，运用这种写法是大胆的，也是非常有效的。这样来写经济史，既需要作者对宏观经济有通透的把握，更需要作者对材料的细节能够有深刻精到的理解。在这个方面，我认为该书给我们提供了一个很好的示范。

当然，这样以一人之力完成，努力通古今之变，又力图精练通达的经济通史，一定是充分体现了作者的主体性与独具特色的个人视野和见解，不同的读者都可能从自己的偏好角度提出不满。就我个人的兴趣而言，我读该书的

---

① ［美］万志英：《剑桥中国经济史：古代到19世纪》，崔传刚译，引言8页，北京，中国人民大学出版社，2018。

时候，最感遗憾的，是它在讲述明代经济史的时候，对明代正统至正德年间的百年历史，落笔特轻，只以粮长和里甲制度的变化略略带过。在我看来，这一百年，恰恰是一个打通明代经济转变的关键时期。该书明确揭示了永乐之后的经济转变，但这个转变，其实主要是宣德之后才明显起来，而正统到正德大约一百年间发生的很多变动，在明代经济史中具有关键性的意义。在一般的认识上，大家对明代经历了从"洪武体制"到嘉靖年间融入全球市场体系的深刻转变，都是很清楚的，但以往对这个转变的研究要么习惯性地从近代历史向前追溯，注意力多集中在嘉靖到万历间的经济与前代相比较明显可见的新经济因素上，要么着眼于南宋至明代的经济逆转，对于正统到正德这一百年的历史，学界的了解相对较为模糊。所以，该书对这一时段的经济演变一带而过，也是很自然的。但我基于自己的偏好，认为嘉靖、万历以后的变化，需要从正德以前的一百年去把握其脉络。

从这个问题延伸去看，明清经济史研究过去多聚焦于嘉靖、万历期间的经济发展，同作者也明确质疑的新古典经济学把市场看成是经济发展和财富创造的主要推动力的观念相关。在这一点上，万志英教授已经表现出要突破这一模式的意图，但也许受学界既有研究成果的制约，该书在讨论明清经济史的过程中，仍未能真正摆脱将市场作为经济扩张的主要动力的基调，这似乎是明清经济史研究目前还不可摆脱的一大"惯性"。但是，由于作者在引言和对各朝代的讨论中已经表达出这种写出新的经济史的追求，因此我们也有理由期待作者日后能够在关于明清经济发展的论述中继续向前走出更新的路子。

（2019 年 4 月 24 日在北京大学人文社会科学研究院"文研读书第 17 期：经济史的写法——《剑桥中国经济史》研读会"上的发言）

◎ 白银与明朝国家的转型

近年来，经过许多学者的努力，人们对全球化的历史对中国社会的近代转型产生的重大影响已经有了很多认识，时间上至少可以追溯到 16 世纪。新大陆发现以后的世界体系的运转，对中国社会影响最大的，恐怕是来自世界市场的白银大量流进中国。明代后期从各种渠道流进中国的白银数量，很多学者的估算出入很大，我想总量在一万万两上下的规模。这样大量的白银流入中国，对中国社会带来的影响，已经有很多学者主要从市场经济的视角做了深入的讨论。不过，我认为，16 世纪这些白银流入对中国社会转型的影响，更深层的还不只是在经济领域，而在国家体制和社会结构上。

关于这个问题，我想先从很多学者都已经提出过的两个问题入手：第一，中国社会如此强的白银吸纳力是怎样产生的？第二，这样大量的白银流入中国，为何没有引起明显的通货膨胀？这两点，在王国斌先生为弗兰克（Andre Gunder Frank）的《白银资本》一书写的序言中是这样说的：

> 他（弗兰克）关于世界经济联系的基本观点是十分简单的。欧洲人渴望获得中国的手工业品、加工后的农产品、丝绸、陶瓷和茶叶，但是没有任何可以向中国出售的手工业品或农产品。而中国在商业经济的扩张中似乎对白银有一种无限渴求。16世纪和18世纪大量白银流入中国照理会引起通货膨胀，但实际上却没有出现这种情况。这就意味着，中国经济有能力吸收更多的白银，扩大手工业者和农民的就业和生产。[1]

关于当时中国社会对白银的"无限渴求"，全汉昇教授很早就引用过的一位长期在菲律宾传教的教士的话中，有非常生动的描写，其中提到："银子流到那里（中国）便不再流出，有如永久被监禁在牢狱中那样。"（The kingdom of China is the most powerful in the world; and we might even call it the world's treasury, since the silver is imprisoned there, and is given an eternal prison.）"在世界上已知的各民族中，

---

[1] 见［德］贡德·弗兰克：《白银资本：重视经济全球化中的东方》，刘北成译，序言13页，北京，中央编译出版社，2000。

中国人着实是最渴望取得银子和最爱好银子的一个民族。他们把银子当作是最有价值的东西来保有它，因为他们甚至输出黄金来换取白银，也在所不惜。"（They are the most greedy for and affectioned to silver of any race known. They hold it in the greatest esteem, for they withdraw the gold from their own country in order to lock up the silver therein.）① 明代中国对白银的这种"无限渴求"与其具有如此强的白银吸纳能力，实际上是同一个事实，如果我们把这两个问题结合在一起，当作一个问题来思考，引出的问题就是，中国社会吸收那么多的白银的容纳空间何在？

关于这个问题，我想首先要了解的是，王朝时期中国社会经济结构在性质上是一个"食货体制"，这个体制是由"赋入贡棐，楙迁有无"构成的，而其有效运行的关键，在"事役均"。这个社会体制的基本原理对我们认识中国王朝时期的社会结构至为关键，但在这里我们不能详细讨论，只能指出，这样一个体制，内在地以货币流通为贡赋经济和国家管治的运作手段。明朝立国时，以画地为牢的里甲赋役制度和缺乏相应金融制度的大明宝钞为基础建立起来的社会和行政

① 全汉昇：《明清间美洲白银的输入中国》，见《中国经济史论丛》（第一册），443 页，香港，香港中文大学新亚书院、新亚研究所，1972。英文原文见 Emma Helen Blair and James Alexander Robertson (ed.), *The Philippine Islands, 1493-1898*, volume XXIII, Cleveland, The A. H. Clark company, 1903, pp. 193-194。

体制，不到几十年就破绽百出，随之开始了一个以追求"事役均"为目标的一系列制度变革过程。

这个转变，就是所谓"一条鞭法"的发展。这里也许需要特别指出的是，学界有一个大家以为是常识性的说法，说张居正推行"一条鞭法"，其实是不对的。"一条鞭法"是一个从明宣德正统年间开始，自下而上的变革过程。"一条鞭法"的发展，代表了一种新的制度、新的国家、新的社会、新的经济体系形成的转型过程。所谓国家或社会的转型，具体而言，就是王朝国家怎样去控制社会中的人，王朝统治格局如何影响人与人之间的交往和组织方式。

要在这里讲清楚白银在明代国家与社会转型中的角色，是不太现实的，我只能尝试简单概括地说明。

在刚才说的王朝汲取财富资源的非财政性方式下，明朝各级政府运作的资源，主要来自差役（人力和物力）征调，而差役征调的体制，是建立在一个以家户为单位的承当差役的社会组织系统（里甲）之上的，各级政府根据这个体系中各个家户的人丁事产多寡（即是承当能力的大小）征调和派办人力和物资。根据"事役均"的原则（朱元璋具体表述为"凡赋役必验民之丁粮多寡，产业厚薄，以均其力"[①]），

---

① 《明太祖实录》卷一百六十三，"洪武十七年七月乙卯"条，见《明实录》第6册，2528页，台北，"中央研究院"历史语言研究所，1966。

大户负担重，小户负担轻，其轻重的差距不是按比例摊派，而是以类似累进的方式，重者赔累或至倾家，轻者或悠游免役。这种体制造成的结果，第一是由于户的规模尽可能减小，可以让赋役负担最小化，因此，作为差役供应单位的户的规模，总是趋向于以小家庭为单位立户；第二是政府与编户齐民的关系，通过户籍体系直接控制家户中的个人；第三是负担的轻重，既不可预算，也难以做到均平合理；第四是各级政府及其官员的开支来源，是一种无定额的摊派，总的趋势是不断增加。这些特点造成了第五，社会上大量的人口脱离国家统治体系，以无籍之徒的社会身份存在。而这样的状况，造成的后果是第六，明朝国家的统治模式和社会秩序发生动摇，而中央各衙门和各地的地方官员陆续采用各种变通的方法来获得行政资源。

各级衙门采用的办法有一个共同的趋势，就是借助可以预算定额和可以按比例摊征的一般等价物作为计算和支付的手段，取代原来的无定额、无比例的索取，而这种手段最有效也最能够被接受的，就是白银货币。这样一来，在明朝立国时建立的体制下，国家政治与行政运行的资源，大部分都来自非财政性的机制，即差役征调，到明代中期，这种资源汲取的机制，转变为越来越依赖用白银货币作为核算和支付手段，来达到"事役均"的社会管治目标，结果是非财政性的差役转变为货币化、定额化的比例赋税化的财政性收入。

由于原来通过差役获取社会资源的规模相当巨大，由差役转化形成的财政性货币收入的规模也相当可观，因此随着白银货币作为计量和收支的手段，构成明代国家库藏的主要形式，巨大的白银需求形成了。我粗略估算，明代中后期由原来的各种征派改折形成的白银财政规模为1 500~2 000万两，加上同时带动起来的田赋折银，白银财政的规模估计达到了3 000万两的规模。如果我们估算当时最大宗的商品运销规模一般都在百万两级的规模，就可以知道这种财政性的货币流通是非常巨大的。这种以贡赋体制主导的货币需求，以及由此带动起来的商品交换与流通，是中国市场吸纳大量白银的秘密所在。

白银成为赋役缴纳手段，改变了整个赋税财政体系的运作机制。从明中期开始越来越重要的白银，更多不是作为流通手段在市场上发挥职能，而更多地作为支付手段，被用于处理权力和资源的再分配。白银确实被广泛应用，但流通的结果是白银大量流入权力运作的体系。在这种情况下，白银流通就不必然伴随着市场发育，甚至可能导致市场的萎缩。当然，长期来看，白银作为支付手段进入政府资源运用领域，最终还是一定会拉动市场的扩大。但是，更值得注意的是，以白银为运作手段的国家与依赖控制关系来运作的帝国是不一样的，国家权力与老百姓的关系以及整体的社会结构都发生了转变。

所以，在我的理解上，白银流通的意义主要不是在市场和商业领域体现出来，而是在社会和国家结构层面。此前帝国运转的资源是以国家权力对具体人户的控制为基础的，但是这种控制又不是国家基层政权州县对民众个人的直接控制，而是通过里甲制实现的。纳银之后，老百姓与州县的关系转变成为类似纳税人和现代国家的关系，国家可以不控制具体实在的家户，而通过控制一个纳税账户来实现，这就提供了国家与社会之间产生各种中介力量的空间，以及社会成员之间交往和组织的新可能性。在这个意义上，代替里甲制度，新的赋役摊派征发的组织和机制成为必要、成为可能，并有可能普遍化起来。

　　我们很难用简单的国家控制加强或者削弱来描述这个变化，这是一个国家与社会以及社会成员之间的交往方式的结构性转型，王朝国家同乡村基层社会、同一般的编户齐民的关系发生了根本的改变。一个国家或一个王朝，它不可能不控制人，当它控制不了的时候，当白银的运用使它实现控制的时候，它就可以依靠社会上的中间这一层力量。正因为国家有了这个转变，乡村就可以自治，就可以有所谓自治化。从这个角度来看，这个自治化就不是国家的削弱，而是国家的转型。如果没有这个自治化，王朝国家就会失控。从明代中期到清初，我们似乎看到国家好像有些失控。但实际上，社会永远处在一个动态的过程中，在失控的同时，它总有一些办法使得控制能够再度建立。问题是，这个再建立的方式，不是政府再去抓里甲户应卯听差，而是乡村中大量出现了各种中介的力量，宗族或士绅之类，去控制地方的秩序，保证国家运作的资源获取与调动，使地方秩序可以按照国家所期待的那个样子去运行。

这里面当然会有无数冲突，这也是一个不断变化的过程。不过，如果我们从一个比较长的时段来看，如五百年这样的时段，其实是几个不同的结构一直在或者缓慢地或者激烈地发生变化，变出了一个新的结构，变出一个我们看到的，在清代至迟到雍正、乾隆以后成型的那样一个社会。嘉道以后的动乱，是在这个结构下面的动乱，它跟明代的动乱完全不一样了。明代的动乱是用逃户的方式来表现，它针对的是政府对个人、对编户齐民的控制体制，一直到李自成都还是，李自成的口号就是"不纳粮，不当差"。但清代嘉道以后的叛乱，则是一种政治上的敌对势力，背后还有宗教等因素，不再见以抗拒"纳粮当差"为口号了，这实际上是社会转型的结果。因此，从明到清，无论是从国家形态、地方社会组织，还是动乱中，都可以看出社会的转型。

这样一种格局，简单地概括的话，可以在弗兰克所说的"全球性市场的轮子是用白银的世界性流动来润滑的"这句话之后，再加多一句，中华帝国的社会转型和国家的新运转机制，是用主要来自世界市场的白银来驱动的。

（2017 年 11 月 3 日在第十四届北京论坛"历史和全球视野中的社会转型"分论坛上的发言）

◎ 自下而上的制度史研究

以"一条鞭法"和图甲制为例

制度史研究的传统路径，基本上都是从王朝国家订立的制度入手，考释制度的条文，再进一步考察制度实际执行的情况，论述制度如何执行或变样执行。所以，制度史研究基本上是一种自上而下的路径。但我认为，历来的制度，往往都是现实社会因应变化的情况，从实际已经改变的现实中形成新的做法，再逐渐制度化。这就是我所说的"自下而上的制度史研究"。这里我打算通过"一条鞭法"和里甲制这两种在明代非常重要的制度，来看看制度如何自下而上地改变，而我们的研究眼光也应该跟着转变。我想先交代一下学界关于这两种制度的一般性理解与我的理解的差别，来展示制度史研究的"自下而上"视角有什么不同，以此说明为什么制度史研究需要采取"自下而上"的路径。

"一条鞭法"是大家应该都很熟悉的明代的赋役制度改革，我相信中学课本里应该有讲到。"图甲制"也许大家不太熟悉。我用这两个制度作为例子，是想一方面讨论对于这种大家熟悉的国家制度的变革，用"自下而上"的研究视角，会对认识它在中国社会发展和国家转型中的影响，带出怎样不一样的解释；另一方面，通过对"图甲制"的阐述，看看"自下而上"的视角，如何能够把在经典的制度史研究中忽略或误解的制度内容和社会意义揭示出来。

所谓"一条鞭法"，也叫"一条编"，我所要讨论的是一个渐进的改革过程，不只是指最后定型的制度。"图甲制"本来就是"里甲制"的别称，明代和清代这两种叫法其实是混用的，但为了表达简略方便，我用"图甲制"来专门指称"一条鞭法"以后的里甲制度。

我们不妨先从两个关于这两种制度的"常识"说起。中国史学传统中的制度史，历来都以王朝典章制度为中心展开研究。制度史研究所依据的史料，也都是以正史、政书和王朝国家制定的则例一类文献为主体，通过释读皇帝的诏令、谕旨和主管官员的奏议、题本等官方文件，来认识和阐释制度的订立、修改，解读制度的内容及其实施情况。因此，我在这里所说的"常识"，是指在这种研究路径下形成的"事实"。通行的明清历史著述，大都是以这种"自上而下"的方式阅读历史。

关于"一条鞭法",大家熟知的事实是,万历九年(1581年),张居正在全国推行"一条鞭法",各项赋役折征银两,按地亩征收;关于明代的里甲制度,以往的说法是,明代里甲制度在"一条鞭法"以后解体或废除了,保甲制取代里甲制成为清代的户籍制度。

关于"一条鞭法"的这个"常识",不能简单地说错了,只能说它有偏差,但这个偏差,引出了对"一条鞭法"改革的内容和社会意义的认识产生种种误解;而认为明清时期户籍制度经历了由"里甲制"到"保甲制"的转变这个"常识",则是大错特错的。

(一)

我先从"一条鞭法"说起。为什么说"万历九年,张居正在全国推行'一条鞭法'"这个"常识"有偏差呢?回顾一下中国王朝历史上赋税制度的演变,大概经历过如下几次大的结构性的变革:

> 夏后氏五十而贡,殷人七十而助,周人百亩而彻。其实皆什一也。(《孟子·滕文公上》)
> 鲁宣公十五年,初税亩。(《左传·宣公十五年》)

秦孝公十二年初为赋，纳商鞅说，开阡陌，制贡赋之法。（杜佑：《通典》卷四 《食货四》）

（秦）田租口赋。……汉兴，循而未改。（《汉书·食货志》）

唐之始时，授人以口分、世业田，而取之以租、庸、调之法。（《新唐书·食货志》）

唐德宗时，杨炎为相，遂作两税法。夏输无过六月，秋输无过十一月。（马端临：《文献通考·田赋考》）

明代万历九年，张居正在全国推行"一条鞭法"。

这里所列举的历次重要的制度变革，在"两税法"以前，或者真的都是在国家层面，由朝中官员制定，最高统治者认可，作为一种国家制度推行下去。对于那些时代的赋役制度，如何自下而上地深入考察，我自己没有做过研究，不能妄评臆想。但是明朝以后的历史，我做过一点研究，可以肯定地说，关于"万历九年，张居正在全国推行'一条鞭法'"这个常识，肯定是不准确的。关于张居正和"一条鞭法"的关系，《明神宗实录》卷之五十八"万历五年正月辛亥"条云：

户部都给事中光懋言：国初赋税之法，以赋租属之田产，以差役属之身家。凡夏税秋粮，因其地宜，列为等则，以应输之数，分定仓口，仓口自重而轻，人户自上而下，有三壤咸则之宜，寓用一缓二之意。至差有银差，有力差。银差则雇役之遣也，力差则力役之道也。论门户高下，定丁力壮弱而籍之，谓之均徭。稽籍定役，无与于田，所以少宽民力，驱游惰而归本力也。至嘉靖末年，创立条鞭，不分人户贫富，一例摊派，不论仓口轻重，一并伙收，甚将银力二差与户口盐钞并之于地，而丁力反不与焉。商贾享逐末之利，农民丧乐生之心。然其法在江南犹有称其便者，而最不便于江北。如近日东阿知县白栋行之，山东人心惊惶，欲弃地产以避之。请敕有司，赋仍三等，差躧户丁，并将白栋纪过劣处。部覆：条鞭之法，革收头粮长而用经催，革里甲均徭而用铺户，革身家殷实之库子而用吏农，皆公私之大不便者。请今后江北赋役各照旧例，在江南者听抚按酌议。得旨：法贵宜民，何分南北，各抚按悉心计议，因地所宜，听从民便，不许一例强行，白栋照旧策励供职。①

这里记录的"谕旨"，是张居正所拟，表达的是张居正的意见。据张居正写给当时的吏部侍郎杨巍（号二山）的信云：

---

① 见《明实录》第99册，1337~1339页，台北，"中央研究院"历史语言研究所，1966。

条编之法,有极言其便者,有极言其不便者,有言利害半者。仆思政以人举,法贵宜民,执此例彼,俱非通论。故近拟旨云:果宜于此,任从其便,如有不便,不必强行。朝廷之意,但欲爱养元元,使之省便耳。未尝为一切之政,以困民也。①

　　这些记录显示出的事实,首先是"一条鞭法"本来是各地自行实行的办法,并不是朝廷制定的制度,所以在朝中对"一条鞭法"的看法是有很大分歧的,有许多官员强烈反对"条编之法",也有"言利害半者"。而张居正的态度虽然显然倾向于支持,但也不是要一意推行。他认为"政以人举,法贵宜民",不能以自认为好的办法为准则去衡量别的办法就一定不好,尽管有官员对"条编之法"持见不一,但都不是"通论"。张居正"拟旨"的几句话很重要,他说如果"一条鞭法"真的好,就"任从其便";而如果有不便之处,也不必强行。他说"未尝为一切之政",可见要将"一条鞭法"推行全国,他还是有所顾虑的。当然,很明显,他的态度还是偏向于支持"一条鞭法"的,所以他没有接受要处分山东实行"一条鞭法"的东阿知县的建议,反而要让"白栋照旧策励供职"。从张居正自己写的这些话,我们可以明确了解到几点:第一,

---

① （明）张居正:《张太岳先生文集》卷二十九《答少宰杨二山言条编》,明万历四十年唐国达刻本。

"一条鞭法"不是在中央政府层面设计出来的制度；第二，张居正虽然认识到"一条鞭法"的好处，甚至有鼓励的意思，但他并没有以中央政府的权力向下"推行"；第三，张居正认为"一条鞭法"可行的理由，在于"法贵宜民"。这里"宜民"二字特别重要，由这二字启发，我们相信要理解"一条鞭法"，就需要到地方上，到民间去，到乡村社会中，了解"一条鞭法"是怎样出现的，它的施行对老百姓有什么影响。

在张居正当国的时候，"一条鞭法"不是一种国家正式确立的制度，很明显的证据是，在张居正当政期间，户部编撰了一部很重要的文献，叫《万历会计录》。这是在万历六年到九年（1578—1581 年）由户部编纂，作为中央财政赋税管理依据，带有法规性质的会计总册。前引《明神宗实录》的记载发生在万历五年（1577 年），而《万历会计录》是万历六年开始编纂、九年进呈的，里面记载的内容看不出有把"一条鞭法"纳入赋税规制的痕迹。其内容结构上，洪武年间开列"田土官民""夏税""秋粮""人户"这样一个基本的税收结构。到了弘治年间并没有改变，虽然多了很多税收项目，但基本结构还同明代初年一样。万历六年开始编《万历会计录》的时候，"一条鞭法"已经在很多地方施行，也获得了合法性。但在国家规制的层面，税收结构仍没有根本的改变。这个事实反映出，所谓"一条鞭法"，并不是由张居正在中央政府层面订立的一套新的税制。《万历会计录》

体现的赋税结构并未改变既有的两税法体制，而"一条鞭法"只是各地在既定的国家赋役制度的基础上实行的编派征收办法。因此，理解"一条鞭法"，需要通过自下而上的考察途径，认识其编派征收办法是怎样发生，又怎样在后来逐渐改变了国家赋税体制，成为一种新的赋税制度。

在讨论之前，也许需要先解释一下"一条鞭法"的基本内容。《明史·食货志》关于"一条鞭法"的内容，是这样概括的：

> 一条鞭法者，总括一州县之赋役，量地计丁，丁粮毕输于官。一岁之役，官为佥募。力差，则计其工食之费，量为增减；银差，则计其交纳之费，加以增耗。凡额办、派办、京库岁需与存留、供亿诸费，以及土贡方物，悉并为一条，皆计亩征银，折办于官，故谓之一条鞭。立法颇为简便，嘉靖间，数行数止，至万历九年乃尽行之。[①]

以上这段话是关于"一条鞭法"的最经典表述，但一般的教科书中对这段话多是直接从字面意思去理解。例如，所谓"一条鞭法"是"赋役折征银两，按地亩征收"的说法，就是从以上这段话中来的。但是这种只从字面上引出的理解

---

① （清）张廷玉等：《明史》卷七十八《志第五十四·食货二》，1903页，北京，中华书局，1974。

是不准确的，我们不可望文生义地理解。因此，对几处关键的文字的含义稍做一点解释还是必要的。

第一，"总括一州县之赋役，量地计丁"，这是"一条鞭法"最核心的内容。所谓"一州县之赋役"，原来由田赋、差役、物料等项构成，明代赋役征派的原则是"有田则有赋，有丁则有役"，但这只是一个赋役征派合法化的依据和征派合理化的原则，实际上的赋役征派并不是直接以土地税和人头税的形式实现的。大致上，明代的赋役在性质上是"验民之丁粮多寡，产业厚薄"佥派的户役，赋役负担的轻重基本上是由丁粮多寡核定的户等决定。这种"等级户税"的课税客体是田地与人丁结合起来的"户"。人丁事产多的户等高，摊派的负担重；人丁事产少的户等低，摊派的负担轻。需特别强调的是，这种轻重的差别，不是通过按比例分摊来实现的，而是一种大致上的估定。而所谓"量地计丁"，则是把土地与人丁从"户"中独立析分出来，直接作为课税单位，这是纳税人的税负由原来的无定额非比例摊派转换成为"比例赋税"的基本条件。"量地计丁"的做法，形成了按比例征税的单位，在很多地方是依据原来田赋科则构成的单位——"粮"和按户籍册中登记的"成年男子"计算的"丁"，然后把赋役项目都以白银为单位计算摊派的数额，按一定税率派征。从赋税差役"按户征派"到"量地计丁"征税，经历了从宣德到嘉靖的一百多年时间。这样一个过程绝不是由朝廷发布的一个法令、皇帝颁发的一个谕旨所能改变的。这一过程大致如图 1 所示。

第二，"丁粮毕输于官"，"悉并为一条，皆计亩征银"。在课税客体统一为丁、粮，计征手段统一用白银计算的基础上，原来不同的赋役项目就有可能合并起来。这就是"一条鞭（编）"的意思。这个过程如图 2 所示。从图 2 来看，这个转变其实并不复杂。税收已经"量地计丁"，进而再把"丁"和"粮"并在一起形成"丁银"和"地银"。由这里的"计亩"二字容易引出"一条鞭法"以后赋役项目都转变为土地税的理解，就性质而言，基本上可以这么说。但是，另一方面，其实在"一条鞭法"以前，明代并没有"丁税"，"丁税"的出现是"一条鞭法"的结果。这个"丁税"，在大多数地方，实际上是以田地或税粮的额度折算出来的。这是一个需要另外讨论的复杂问题。这个过程，经历了嘉靖、隆庆到万历初的 60 多年时间（图中标示的年份是年号的对应年份，实际上可剔除万历中期以后的几十年）。所以，这个转变也可以说是经历了漫长的演变过程。

这样一种理解，同把这段关于"一条鞭法"的概括性文字简单地解读为一切赋役折银向土地征派相比，包含了要复杂得多的内容。要形成这样的认识，需要考察"一条鞭法"改革自下而上发生的过程。以下是这个过程在宣德到万历年间发生的几个关键时间节点。

一州县之赋役 　　　　　　　　　　量地计丁

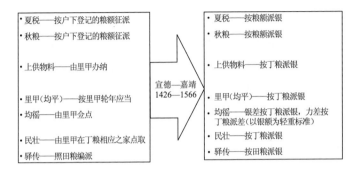

图1　地银丁银（一）

皆计亩征银
丁粮毕输于官　　　　　　　　　悉并为一条

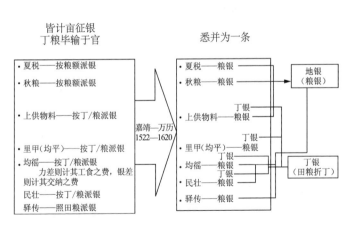

图2　地银丁银（二）

首先，明代宣德年间周忱在江南实行"平米法"。这个改革有好几个方面的内容，其中特别值得注意的，是以田赋加耗抵补里甲负担。这一点实际上开启了后来的"一条鞭法"中的一个基本原则，就是将按户佥派的差役负担，以田赋附加税的方式抵补。其次，从正统到成化年间，各地陆续实行"均徭法"。"均徭法"的核心内容，是先根据人户丁粮派定轻重不等的差役，然后审订各项差役的"银价"，以"银价"表示差役的轻重，作为派役依据，继而再将"银价"计算的役银摊征于以"丁"与"粮"计算的纳税单位上。再次，大约从成化年间到嘉靖年间，各地又陆续实行"均平法"。"均平法"的主要内容，是将本来由里甲的差役负担的衙门行政开支（一些地方包括物料）以白银货币计价的方式编定预算，向里甲人户的丁、粮摊征。最后，还有嘉靖以后民壮、驿传渐次折银摊派。各地的主要赋役项目的征派原则逐渐趋于一致，即按丁、粮派征以白银货币计算的赋税。在此基础上，地方官觉得既然原来不同编派原则和不同征派方式的税项都是按"量地计丁"的方式计征了，那么自然而然就走向合并，避免烦琐。这种由地方衙门把赋役合并编派征收的做法，不需要改变中央财政架构和赋税体制，因为地方政府向中央解送经费项目，仍然是分别解送的。这些经费项目，不一定是统一交给户部，有交给户部的，但也有给工部、兵部，或者直接交给内廷、寺监形形色色的仓或库的。这就是所谓"总收分解"。地方官府向编户征收是"总收",地方向中央解送是"分解"。由于这样一种机制,"一条鞭法"有一个妙处,就是不需要改变"祖制",从而形成了一个地方可以各自为政的空间,"一条鞭法"自下而上的改革就是在这个空间里发生的。

那么,这种在基层的地方政府与承担赋役的编户之间发生的赋役编派方式的改变,动力何在?发生的机制是什么?为什么开始地方上会各自为政,而各地分别实行的办法,又会朝着同一方向发展,以至于最终改变国家体制呢?要理解这一点,就要先明白构成明代国家运作资源的获取机制的赋役制度,以及作为这套机制的基础的户籍制度的一些基本原理。

(二)

户籍制度是中国王朝时代一套独特的国家制度和社会制度,是王朝国家得以存在的基础。研究中国王朝国家的赋税财政体制,首先需要认识王朝的户籍制度。明王朝建立之时,承袭了元朝的"诸色户计"制度和里社制度,建立起以黄册里甲制为基础的"配户当差"体制,作为王朝统治的基础,从而形成"洪武型"的社会秩序。在这套体制下,王朝国家的财政资源都是通过作为户籍制度的里甲体制的运作来获取的。在里甲体制下,王朝统治的基础是"编户齐民"及其所承担的户役。编户齐民与现代国家的国民有着根本的差别,其身份和义务就是朱元璋所说：

> 为吾民者当知其分，田赋力役出以供上者，乃其分也。能安其分，则保父母妻子家昌身裕，斯为仁义忠孝之民，刑罚何由而及哉。[①]

从字面上看，这似乎与现代国家的公民有纳税义务的意思差不多。但实质上，这种编户与现代国家的国民有根本不同。所谓"吾民"，是君主的臣属，这种臣民的"分"，是要"田赋力役出以供上"。这样的一种"国—民"关系，本质上是"君—臣"关系，因此，"编户齐民"对王朝国家的责任在逻辑上是强制的、无条件的，以赋税和差役的方式承担的户役，理论上也就没有定额，只要国家有需要，编户就有义务提供。明代一位著名的学者邱濬把这个道理讲得很清楚：

> 民之所以为生产者，田宅而已。有田有宅，斯有生生之具。所谓生生之具，稼穑、树艺、牧畜三者而已。三者既具，则有衣食之资，用度之费，仰事俯育之不缺，礼节患难之有备，由是而给公家之征求，应公家之徭役，皆有其恒矣。[②]

---

① 《明太祖实录》卷一百五十，"洪武十五年十一月丁卯"条，见《明实录》第 6 册，2362 页，台北，"中央研究院"历史语言研究所，1966。
② （明）邱濬：《大学衍义补》卷十四，6 页下，文渊阁《四库全书》本。

邱濬的《大学衍义补》是一部全部论述明代政治统治原理和问题及对策建议的重要著作。这段话的前半段，好像讲的是一般的常识——人民要有不动产，有生产工具，能种田、树艺、畜牧，这样就有衣食之费，有收入。但这几句话隐含着一层意思，就是人民的这些生存的条件，其实是由王朝国家赋予的，王朝国家给予编户齐民的生存条件，是为了后半段话所说的责任。这里很明确地表达了编户齐民与君主国家之间的关系，就是要满足公家（君主国家）的征求，这是亘古不变的原理。这是"配户当差"体制的根本道理所在。我们认识明王朝的国家体制时必须了解，在这种关系下，赋税差役不能简单地理解为国民承担的土地税或人头税。

那么这种责任是什么？就是配户当差，即户役。这种户籍的基本原理包括：

第一，以户为课征对象。如果要用税收的概念来分析，这个"户"，既是纳税主体，又是纳税客体。主体是户主，客体则是户下登记的人丁事产。也就是说，户是一个在承担户役能力上有大小差别的单位。

第二，以人力和物资供应为基本的贡献形式。中国历史自秦汉至明清，历朝都讲，国家向老百姓征税的基本原则是"有田则有赋，有身则有役"，所以我们都以为中国历史上的赋税的征收就是土地税和人头税。其实那只是征收原则，不是实际的赋税结构。实际的税收以户为征收对象，征收的方式是以人力和物资。田赋包括人力的差遣，差役也包括物资供应。以"赋"为例，明代的田赋不只是一种按土地征收的税，其本质是一种提供土地生产品的差役。不仅田赋负担的数量同作为田主的户的身份相关，而且田赋负担还包括运送实物的差役。我们这代人经历过人民公社时期，知道交公粮（土地税）的负担并不只是上缴的粮食本身，农民还要将公粮运送到指定的地方，那可是不轻的人力负担。人民公社时期还一般只是交到县里，成本有限，而明清时期，这个运送的成本更大，是要交到京城或国家指定的地点（仓口）的。所以明代田赋负担的轻重，不光要看田赋的科则，同时还要看"仓口"的远近。最能够体现这种关系的是里甲差役。朱元璋规定里甲差役的任务是"催征田粮，勾摄公事"，后来大小衙门的所有需求，都向里甲伸手。明代官员及其衙门的开销，都是没有预算经费的，都由里甲编户供办。这种供办不仅要出力，更要出料出钱，也是没有定额的。

第三，以负担均平为原则，上户应重差，下户应轻差。理解王朝赋役制度，这一点尤其重要。前面说过，在理论上，编户对王朝国家承担的义务是无条件、无定额的。但是有一点是王朝国家必须处理好的，就是《礼记·大学》中讲的"财聚则民散，财散则民聚"的道理。王朝国家统治基础是"民数"，民散了，统治的基础就丧失了。所以，国家对编户的需索，必须取得一个平衡。这个平衡固然首要的是让"民"能活下去，再生产能够持续，这一点历代王朝都通过在横征暴敛的欲望和"轻徭薄赋"的道德目标之间取得平衡来实现，另一方面还需要让"民"能够接受，这个能够接受的公平合理的原则，就是孔子所说的"不患寡而患不均"。因此，"均平"是历代王朝制定赋役制度的基本目标。在以户为基本征收对象的制度下，要实现均平，办法是根据每个户的丁粮（即成年人口和田地数量）核定户的等级，然后按照户等金派轻重不等的差役。这就是朱元璋所说的"凡赋役必验民之丁粮多寡，产业厚薄，以均其力"①。终明一代，这都是赋役征派的基本原则。

但是，这个原则怎么实现，是一个不易处理的问题。我们现代人可能会觉得不是很简单吗，把要征派的总额按一定的比例向人丁和田地派征就可以了。但这在那个时代是不可能的。为什么？因为从朝廷到地方各级衙门，需要的花费多少，并没有固定预算；尤其是大多人力物力的需求，不是通过市场购买，而是要编户直接提供，没有办法用货币计算。例如，某日有上级官员到州县，州县官要迎接，需要一桌酒席，就会把任务派到里甲，由里甲措办。当值的里甲要承担所有的原材料供应。因为并不是天天都要请上面下来视察的官员吃饭，所以地方上实行轮役的办法。十年一轮，每十年

---

① 《明太祖实录》卷一百六十三，"洪武十七年七月乙卯"条，见《明实录》第6册，2528页，台北，"中央研究院"历史语言研究所，1966。

一个里就派人到衙门旁边设个房子。县官说，明天有朝廷官员来，要办酒席，民役就得去办。这就是邱濬在《大学衍义补》中说的"其大小杂泛差役，各照所分之等，不拘一定之制，遇事而用，事已即休"[①]。编户随时听候官府差遣，需要的话就给，不需要的话就不用负担。所以差役的负担之轻重，只能按照"民之丁粮多寡，产业厚薄，以均其力"的原则，估其轻重之大概临时金派。

这种"上户应重差，下户应轻差"的制度运作的矛盾在于，每户实际的赋役负担虽然按丁粮多寡分担，但并不可能以丁粮为计税单位按比例均摊。这样就导致了一户若应重役，往往倾家荡产，在里甲赋役体制下编户的应对往往是脱籍逃役或"诡寄飞洒"。所谓"诡寄飞洒"，就是将自己的财产诡寄到别人的户里面，以降低自己的户等。还有一种常见的途径，就是"花分子户"。唐顺之在《答王北厓郡守论均徭》中说："夫役法，上下其户以差其甲之钱，聚则稍重，而散则稍轻。花分者只可花分子户，以移稍重而就稍轻。"[②]"花分子户"指的是，若家里有一千亩田、一百个丁，肯定属于大户重役，但户主可以去县衙买通胥吏，把一家之户分成五十户，这样一分，原来的大户就成了中户，甚至下户，户

<hr />

① （明）邱濬：《大学衍义补》卷三十一，17页，文渊阁《四库全书》本。
② （明）唐顺之：《新刊荆川先生文集》卷九《答王北厓郡守论均徭》，32页下~33页上，《四部丛刊》景明本。

主因此就可以逃过重役。因为在明代的赋役体制下，下户的负担很轻。由下面这条材料可见当时"花分子户"是一种避免重差的倾向：

> 户部奏重造黄册，以册式一本并合行事宜条例颁行……本县通计其数，比照十四年原造黄册，如丁口有增减者，即为收除，田地有买卖者，即令过割，务在不亏原额。其排年里甲，仍依原定次第应役……其上中下三等人户，亦依原定编类，不许更改，因而分丁析户，以避差徭。[①]

从这个条例可以看得出来，由于分丁析户可以逃避差徭，因此朱元璋的倾向是要做出限制。明代的户籍分为军户、民户、匠户等，对于像军户这类承担特定差役的"户"，一直明确规定不能分户。对于民户，在明初第二次编黄册的时候，因为很多家庭实际的变化不大，政府也是要限制分户的，目的也是避免对赋役征派的既有秩序和机制产生影响。不过，随着时间的推移，随着代际繁衍，分家自然不可避免，相应地，不可分户的政策也要做出调整。《大明会典》记载后来确定的制度是这样的：

---

① 《明太祖实录》卷二百零三，"洪武二十三年秋七月丙寅"条，见《明实录》第 7 册，3043~3044 页，台北，"中央研究院"历史语言研究所，1966。

景泰二年奏准：凡各图人户，有父母俱亡，而兄弟多年各爨者；有父母存，而兄弟近年各爨者；有先因子幼而招婿，今子长成而婿归宗另爨者；有先无子而乞养异姓子承继，今有亲子而乞养子归宗另爨者，俱准另籍当差。其兄弟各爨者，查照各人户内，如果别无军、匠等项役占，规避窒碍，自愿分户者，听。如人丁数少，及有军、匠等项役占窒碍，仍照旧不许分居。①

虽然分户有条件地合法化了，但在实践中，编户要到衙门里办理分户其实是很难的，普通乡民如果没有什么身份、地位、人际关系的话，要买通胥吏帮助自己"分户"，并非易事。这种为了逃避重役的分户倾向和国家户籍管理上倾向于"限制"的态度，越来越成为明代户籍体制运作的一个根本矛盾。所以，以"花分子户"方式逃避重役的方式一般是有权势的大户才可能实现，对于大多数中小编户来说，逃避赋役负担更常见的方式是逃亡。所谓逃亡，不一定真的要在空间上移动，而是用种种手段脱离户籍。

整个明代，从朱元璋建立明朝开始，经历过两三代人之后，国家失去了大量的户口。我们现在看明代的文献，明代

---

① （明）申时行等：《（万历）大明会典》卷二十《户部七·户口二·黄册》，4页下~5页上，明万历内府刻本。

46

逃役的人确实很多。明代嘉靖年间奉命编修《大明会典》的霍韬曾就为此感到困惑，他说：

> 天下户口，洪武初年户一千六百五万有奇，口六千五十四万有奇。时甫脱战争，户口凋残，其寡宜也。弘治四年，承平久矣，户口蕃且息矣，乃户仅九百一十一万，视初年减一百五十四万矣，口仅五千三百三十八万，视初年减七百一十六万矣。国初户口宜少而多，承平时户口宜多而少，何也？[①]

　　一个存续几百年的王朝，户口数没有增长，反而减少，这的确是不合常理的。但如果了解明代的户籍赋役制度，就不难知道这是逃户的结果。明代的地方文献中，户口逃亡的情况是很严重的，很多地方明初时设立数十个"里"，过了一百年左右以后，只剩下十几个"里"。与此同时，从朝廷到各级衙门都纷纷向里甲伸手，索取财政资源，里甲编户的赋役负担越来越不堪应付，而编户数逐渐减少，成为一种恶性循环，赋役负担不均的状态因此越来越严重。在这种情况下，一方面有些户脱籍逃亡了，另一方面很多仍在籍的人户，

---

① 　（明）霍韬：《修书陈言疏》，见（明）陈子龙等编：《明经世文编》卷一百八十七，1920页下，北京，中华书局，1962。

虽然随着世代繁衍析分出多个家庭，但常常没有分户。这就是所谓"析产不分户"，当时也非常普遍。

（三）

这个时期，明代的社会持续发生了一系列的变动，举其大要，这些变动包括：随着世代繁衍、家庭分爨以及贫富分化，里甲编户的构成渐渐发生了根本性的改变。户籍中的"户"渐渐与作为核心家庭的"家户"分离，而明初编制的黄册虽然十年一次重编，但大多是因袭旧册，黄册登记的内容不能随着实际状况的变动而改变；随着家庭人口的流动的频繁，加上财产的流动，以及聚落社区的分化重组、新的社会组织形式的出现和成长，实际的社会秩序与建立在"划地为牢"秩序上的黄册里甲的编制越来越不相适应。里甲编户的变动与逃户问题越来越严重、里甲残破不整、户籍登记的人丁财产状况失实等交织在一起，导致按户等（人丁事产）金派赋役的做法陷入越来越深的困境中，直接威胁着各级衙门的资源获取，甚至危及统治秩序的维持。

其实，在既有的赋役体制下，如何分摊负担，不仅是官府要解决的问题，也是民间社会要面对的问题。在大小衙门向里甲伸手索取的资源不断增加，而里甲编户的数量趋于减少，里甲编户的社会群体的实际规模越来越膨胀扩大的现实下，如何在里甲内部乃至编户内部按均平的原则根据实际的负担能力应付赋役负担，成为老百姓和官府都要面对的问题。里甲如何实现以户为单位按户等佥派，登记在同一户籍下的个体家庭和个人之间如何均平分摊赋役，在民间产生了种种应对方法。

明代赋役征派以里甲为基础，实行连带责任的制度。这种制度设计本来就已经把如何实现赋役负担的均平合理的责任和空间放在了民间，官府定了原则，实际上并不直接干预赋役的佥派。这种制度架构，在原理上本来就将赋役佥派的权力委之于民间。基于同样的逻辑，随着里甲编户下家庭的分化，一个户内的不同家庭甚至个人如何分摊赋役责任，也自然是民间要自行处理的事务。在一个户下面人口增加并析出多个家庭的情况下，佥派到大户的赋役负担如何在不同的家庭乃至个人之间分摊，就成为一个问题。中国社会一直是以核心家庭为基本单位和财产主体的，不管我们如何相信中国人有浓厚的家族观念和孝悌伦理，在现实生活中，家庭内的分化和利益冲突还是基本的矛盾。兄弟成家之后一定会分家，分家以后，同一户籍下面的赋役负担如何分摊？有材料会特别提到兄弟之间关系如何和谐，相友相助。比如下面这两段材料：

每谈及家庭故事，曰：汝祖清泉居士者，吾伯父也。吾父谦斋先逝，吾方六岁，未有知识。清泉自宅柄，恒日一至，耕耘失候，辄欲杖其傲业，垣墙牲畜，无不省阅，视吾兄弟无异所生。清泉殁，汝父松庵，与吾出入相随，饮食相呼，户役差遣不相及，视吾父无异同胞。[①]

这段记载讲的是一个分家已经历三代的兄弟家庭之间兄恭弟睦的故事，其中特别提到"户役差遣不相及"，也就是说，本来应该两家承担的差役，兄长一家独力承担了，不累及弟侄一家。这一方面反映了当时已经有一些分家未分户的家庭，要共同承担户下的赋役负担，要面对如何分摊户役差遣责任的问题，另一方面我们也看到，这种基于孝悌的道德伦理而由一家吃亏的方式，肯定不是一种常态。更多的情况如下面这段材料所描述：

今体得所属，父子有得失之望，兄弟有紾臂之叹；服劳之道不闻，议让之礼未见。甚至父子当差，则一日不让，兄弟应役，则移时不甘。[②]

---

① （明）郑纪：《东园文集》卷六《屏山家庙记》，11 页，文渊阁《四库全书》本。

② （明）朱鉴：《朱简斋公奏议》卷下《出巡条约》，英国剑桥大学图书馆藏明刻本。

我们也许可以认为，在"家长制"的社会里，如果家中老爷子还在，儿子之间分摊赋役可以由家长决定；我们也知道，有些家庭应承担某些差役，如军役，可以收养（买）义子，实即奴仆，出应差役。但这些办法，可能都只是权宜之法，兄弟之间相友相助，也不可能成为制度化的做法。事实上，最可能的做法，是在家户之内，兄弟家庭之间订立契约，按比例来分摊赋役，确定比例的依据大致也会以官方的赋役佥派原则，即"丁粮多寡，产业厚薄"为标准。可以想象，民间在按这个原则去分摊赋役负担时，相对于官府的制度，可以有更多的灵活变通的空间。这种方法可能在一户之内的不同家庭之间采用，也可能在同一里甲内的不同家户之间采用。虽然我现在还没有足够多的第一手资料去呈现民间的种种做法，但我们通过很多零星的资料可以知道，大致有以下几种办法可能是常常会被采用的。一种方法是轮流承值，有些地方叫"分派日生"，就是根据各户各家的丁粮数分摊应当差役的日子。这种方式在赋役负担还不能用货币计算和用货币支付的情况下，可能是相对能够计算的方式。但由于差役的负担并不是每天都相同，也无从预算，因此负担的均平只能是一个相对的状态。后来越来越多采用的方法，是在负担可以用粮食或货币来核算和预算的情况下，就可以把应该承担的负担折算成粮食单位或货币单位分摊数额。例如，郑振满在三十年前的一篇论文里就提供了这样一段资料：

在家族内部，为了共同管理里甲户籍及分摊有关义务，必须采取各种不同的组织形式，把全体族人纳入同一赋役共同体。在此试依据永春县《官林李氏七修宗谱》的有关记载，分析这种以家族为本位的赋役共同体。官林李氏定居于明初，至第二代始"立户输粮"，占籍永春县九十都四甲。第三代分家时，里甲户籍由派下三房共同继承，"即抽田租一百五十石，以俾子孙轮流听年及十年一次策应大当"。此后至嘉靖年间，"历来长、二、三房轮流听年及策应大当无异"，其有关役田也由各房轮收轮管。嘉靖时，第五世汉杰"以贫不肖，遂将一百五十石之田献卖郡乡宦王福"。后经呈控，"断令族人敛银赎回"。为此，"长房汉元于嘉靖三十四年集众会议，仍将赎回前田以三分均分，每房得租五十石。里役照原三房拈阄，分月日策应，告官钤印，以为定规"。李氏把役田分拆之后，有关差役仍由各房"协同策应"，原来的赋役共同体并未因此而解体。至万历年间，由于各房之间的贫富分化日益加深，"分月日策应"的平均分摊办法开始改为"照丁米轮流"。如万历十七年的《合同》规定："照丁米六年轮流：长房应听一年，二房应听三年，三房应听二年。"至万历四十六年，"因三房米少，会众再立《合同》，以五年轮流：长房照原一年，二房照原三年，三房只听一年"。①

这段资料引出的问题和对这段资料的理解涉及相当复杂的内容，这里不展开讨论。我们大致可以看到，明初定居第二代编入里甲户籍时，这个家庭是一个核心家庭，到第三代分家时，没有分户，而是通过设立一份共有的产业来应付赋役，三房轮流管理承役。但随着家族内部的分化，这种方式不可能维持下去，后来便通过按分别承当应役的日子来分担，继而按丁粮计算应役的份额，但仍然以应役时日的长短来均当。在这里，我们看到了民间在面对着不同的群体要共同承担赋役的问题时，对于如何实现分摊责任的合理化，采用的是按丁米（人丁和田赋额）核算的办法。不过，这段资料只涉及 "里役"，而在这个时期，很多从里役分拆出来的赋役责任如何分摊，这里没有提到。虽然如此，但我们在这里看到了民间对于如何均当差役，一直有种种方式发展出来。这类记载虽然零星，但综合不同的记载，我们可以了解到官府和民间为实现负担均平，采取的具体方式大致有如下一些：

---

① 郑振满：《明清福建的里甲户籍与家族组织》，载《中国社会经济史研究》，1989（2）。

表　均平的实现

官府的制度设计	民间的应对方式
根据里甲编户之间丁粮多寡排定应役先后次序	家户内兄弟之间相友相助，或由家长指派。设立专项的共有土地，以土地收益承担赋役
按丁粮多寡编排里甲，以里甲轮役方式大致负担趋于均平	按家庭成员或在不同房派之间分派"日生"，即应役的日子
由官府核定里甲编户丁粮编定各户应当的差役	在个人或家庭之间按比例分摊赋役负担
官府将应派赋役编定银价，按丁粮摊征	将负担换算成为货币分摊

地方官府采用的办法，是以民间创造出来的种种做法为基础，或者直接吸收民间的办法设定，作为制度变革的资源。官府和民间的赋役征派方式趋于一致的方向，这个方向都引向共同的方式，就是以白银货币作为赋役负担的计量核算单位，将白银货币计算的负担按丁粮分派。有理由相信，州县与地方社会在以白银货币核算作为实现均平的有效手段上，有共同的动力，这从以下这条关于明代中期福建仙游县的记事中可见一斑。成化、弘治间著名官员郑纪在乡居时撰《新里甲日录序》云：

国朝赋法，民田不过五升，官田不与征役，视什一之法则又轻矣。何氓百家之中，衣食于称贷者，什凡七八。

农家铚艾在手，釜甗已空，颠覆逋亡，版图日削，莫知其由。近偶得《里甲日录》而观之，县令黄时，每甲直一月，用银二十余两，十六图一岁计之，用银三千余两，悉皆庖厨之共，妻妾之奉，与夫过客来使，权门馈赠之需而已。至于祭饮科贡物料之类，国典所载者，率以一科十，岁又千两有畸。夫以百六十户之民，而共三四千金之费，欲免称贷、逋亡之患，不亦难乎？是虽黄流祸之惨，然当时里正雄长，射时吞噬，亦不能谢其咎也。今县令彭君下车之初，一念仁慈，正吾民息肩之日。第民风土俗，未能周悉，予弟今年备名里正，因会集同事，澡神涤虑，议定供应事目，萃为一录。自圣寿祀饮而下至于役夫什廪之征，量轻酌重，分条类目，上可以给公家，下可以舒民困。岁计用银不满五百，每甲一岁出银不过三四两，视诸往年则七八分之一也。录成，呈白县堂，随与里甲百四十户合盟以坚之，以为一岁共需之则，而田野之民欲永其传，请予题其篇端。予尝考吾邑盛衰之迹，唐宋之盛，谱志所载，不必言矣。国初富庶不减于前，寻值虎寇为灾，民耗大半，宣德间，县令王公以救焚拯溺之心，为改弦易辙之政，起涂炭之民于枕席之上，吾民立碑，建祠报颂不衰。[①]

---

① （明）郑纪：《东园文集》卷九《新里甲日录序》，8页上~9页上，文渊阁《四库全书》本。

这段材料显示，明代中期地方人士和官府推动采用的以白银为单位预算赋税负担分摊，是地方官与民间社会为达至赋役均平目标而实行的有效方式。之所以能够采用这种办法，一个基本的条件就是白银货币在地方社会越来越普遍地使用。以前之所以要用轮役或直接分派轻重不等差役的方式，是因为官府所需的资源是以人力和物料分派办纳的方式征调。白银货币不但提供了核算轻重的标准单位，而且可以定额化按比例分摊。

这样一种方式在明代中期的东南地区很常见，因为这些地区的乡村生活对市场的依赖日趋紧密，社会上使用货币作为交换和支付手段日趋普遍。在明朝铸钱数量不足、法定通货宝钞泛滥贬值的情况下，来自日本和美洲的白银适逢其时，因为东南沿海地区的贸易而大量流入，白银在东南地区成为民间社会广泛使用的通货。在这种形势下，地方官员自然很容易接受用白银作为资源获取和追求均平的手段，这个转变成为后来"一条鞭法"的基础。

概言之，所谓"一条鞭法"，就是在"配户当差"体制矛盾日深的情况下，为了稳定洪武型国家秩序，各地采取的种种应对措施，这些措施后来逐渐朝着同一方向发展，即将各级政府向编户索取的各项负担，折算为用白银计算的数额，由原来的按户佥派，改为按丁粮（田）征银。原来是所谓"等级赋税"，后来变成了丁税、地税。这个过程，各地实行的先后、范围、深浅、方式不一，延续了一百多年，逐渐形成原则基本相同的规制并普遍化，在此基础上，征派原则基本相同的项目被归并为一条，大致在嘉靖到万历年间遍行于全国。这种新制度，是在保留原来国家财政赋税体制的基础上，在府州县政府向编户征派输纳的环节中实行。但我要指出的是，地方官府在实行这一办法的时候，其实借鉴了民间的村社和家庭在里甲人户内分摊赋役负担采用的种种方式，换句话说，即把老百姓正在使用的办法变成州县政府的规制。

（四）

明初的"配户当差"制到"一条鞭法"的施行，引出了里甲制的转变，黄册里甲制的"户"渐渐由家户变质为纳税账户。这两个概念在中文里都叫作"户"，两个不同的含义常常被混淆，我们不妨转换为英文的词汇，就是"household"与"tex account"。两个词语的意义的区别是很清楚的，一个是"家户"，一个是纳税户口。关于这个问题，我在20世纪80年代研究广东地区图甲制时就提出了。在我之前，日本学者片山刚首先论证了广东地区的图甲制下，"户"的构成超出了一个家庭的规模，他是从家族或宗族的发展来论证，以家庭组织扩大的角度来解释"户"的变化。我受片山刚揭示的事实启发去探讨，提出了与片山刚不同的解释。我认为家族组织的发展与户的规模的扩大的确是紧密联系的，但这只是一个现象，这种现象需要从户籍制度与赋役制度的关系去认识，是前面提到的赋役征派"一条鞭法"，为户的变质提供了制度空间。而户的内涵变质，不只是血缘群体的规模从家庭到家族，而是由家户变成了纳税账户；共同支配和使用同一个户口的群体，不只是血缘群体，而是形形色色的社会群体。最近一些年来，很多学者在其他地区的研究让我们了解到，这个变化不只是在广东一个地方发生的，而是在明代后期成为一种非常普遍的变化。例如，徽州地区，徽州研究的学者利用徽州文书，更具体细致地揭示了徽州的图甲户籍的实态。例如，栾成显先生的《明清庶民地主经济形态剖析》、王绍欣的《宗族组织与户役分担——以明代祁门桃源洪氏为个案》、黄忠鑫的《明代前期里甲赋役制度下的徽州社会——祁门县文书〈百户三代总图〉考析》[①] 等，很具体地呈现出徽州的图甲户籍的变动与赋税征派的关系。从本文主题的角度，我想指出，无论是片山刚和我，还是徽州等其他地区的研究者，揭示出这个制度变质，都不是从王朝国家的典章制度，尤其不是从王朝政府发布的各种法例中得

① 栾成显：《明清庶民地主经济形态剖析》，载《中国社会科学》，1996（4）；王绍欣：《宗族组织与户役分担——以明代祁门桃源洪氏为个案》，载《明史研究论丛》，2014（1）；黄忠鑫：《明代前期里甲赋役制度下的徽州社会——祁门县文书〈百户三代总图〉考析》，载《中山大学学报》（社会科学版），2018（1）。

出的认识。这个制度转变的事实及其背后所隐含的社会转型的事实，通过传统的制度史研究路径，依靠典章文献，如会典、实录和各种则例，是很难获得了解的。仅仅这一点，就已经显示出自下而上的制度史研究的旨趣。

那么，这样一种制度转变，如果国家层面的典章文献中不能直接呈现出来，是否意味着在国家体制上没有多大意义呢？提出这种疑问是很自然的，因为我们都习惯了从法律规定的文本去认识制度，也正是这种惯性，造成了本文开头所说的，在既有的认识中，有关明清户籍制度的转变，一般都认为"明代里甲制度在'一条鞭法'以后解体或废除了，保甲制取代里甲制成为清代的户籍制度"，而我却认为，正是要通过自下而上的制度史研究，才能够明白，这种认识是一个误解。不是以前研究者学问做得不好，读不懂文献，而是大家所用的文献反映不出这种变化。首先，明代的里甲制，在"一条鞭法"以后，尤其在清代，并没有取消或废弃，后来在很多地方常称为"图甲制"的这套制度，一直到清末都是最基本的国家户籍制度，甚至一直延续到民国时期。为什么说是最基本的制度？只要看这样一个简单的事实：清代科举考试、田产买卖过割登记、移民的家乡记忆与认同，其实都是以图甲户籍而不是保甲户籍为依据的。例如科举考试，我们到今天都知道户籍在高考中是很重要的，清代科举考试也是一样的，不仅像今天那样要在自己的户籍地参加科举（当然有借籍、冒籍的情况，但那也是以原籍考试制度为前提的），试卷上还需要写明自己的户籍。图3就是实物的例证。

这是同治年间顺天乡试的一份试卷，上面写着"临川县四十五都四图监生民籍"，很清楚是图甲体系下的户籍，而不是保甲的户籍。土地财产的登记和纳税责任，也是以里甲户籍作为依据的。例如下面几个例子。

图4是财产记录，框出的文字是"淳邑二十九都四图三甲卢溪姜大福"，使用的就是图甲户籍。

图5是买卖土地的官方契约，框出的文字是"买受　都图　甲户丁"。特别值得一提的是，这一行字并不是立契时书写上去的，而是在官方印制的契纸上印好的格式，立契时再填写具体的内容，这就清楚地表明图甲户籍一直是官府使用的户籍系统。图6则显示人们常常是用图甲户籍作为确认自己身份的标识。

以上这几个方面包括科举、置产和身份，都是中国王朝时期社会最重要方面，都使用图甲户籍作为确认和标识的体制。由此可见，虽然我们无法从国家层面的典章法规的条文中了解更多关于图甲制度的实态，但它确实一直是一项非常基础性的国家和社会的制度。一直到民国初年，这套制度都还一直在地方社会运作着。因此，对这种制度的研究，可以非常典型地体现"自下而上"的制度史研究

图3　同治庚午科乡试刘卓杕朱卷
图片来源：顾廷龙主编：《清代
朱卷集成》第108册，429页，
台北，成文出版社，1992。

图4　浙江淳安　《姜氏宗谱》
选页

图5　清代官版契约（局部）

图6　广东顺德《简岸氏
家谱》选页

自下而上的制度史研究

路径及其旨趣。最近一些年来，很多研究者通过对不同地区的研究揭示出，在许多地方，如广东、福建、江西、山西、河北、四川、两湖、徽州，里甲制一直延续到清末，虽然各地呈现出种种变态，但仍然是清朝户籍体制的基本制度。在很多地方的文献中，清代的里甲常用明代里甲的别称"图甲"。

既然这种研究路径很难从国家法例中获得资讯，研究者就一定需要仰赖近年来被重视的大量地方文献和民间文书，从这些地方的、民间的，实际运用着的史料中才能真正了解制度运作的情况。地方文献、民间文书是我们了解里甲制度很重要的材料。江西萍乡学院政法学院的年轻老师凌焰多年来锲而不舍地在江西地区收集到大量的图甲资料，经过他的努力，目前我们已经了解到图甲制运作的很多细节。例如，图7是他收集到的《名教三堡二图四甲总册》。

我们可以期待，年青一代的学者，未来运用这些新发现的地方文献、民间文书所做的研究，将会大大推进我们对这套制度的认识。图8是凌焰收集到的一份家谱，很清楚地列出了每一个图甲的情况，有的户需纳米四石多，有的户五石多。可以相信这些承担如此大额的赋税责任的户，不会都是大地主，而是一个户由很多个家庭共同拥有，各个家庭之间通过合约的关系共同使用一个户头，在同一纳税户下承担赋税责任。

图7 江西萍乡《名教三堡二图四甲总册》（凌焰提供）

图8 江西萍乡《易氏族谱》书影（凌焰提供）

这种情况在广东省南海县（今佛山市南海区）的一份册籍中也有很清楚的显示。例如，图9的页面显示了"庞沙村"的情况，共有87个户名，男丁1 023名。

但是，并非只有这么多个户，才能有一千多个丁。图10显示的情况就完全不一样：三十四图十甲廷相户，朱献谋祖合族男丁共2 300名，但是只有一个户。这样的户肯定不是"家户"。

这种成百上千的家户人丁共用一个户籍的情况，在明代中期以后是非常普遍的。陈支平教授在《民间文书与明清赋役史研究》一书中列举了福建的很多实例。在这种情况下，民间如何应付官府派征的赋役，在不同的成员之间如何分摊，民间采取了种种的方式。理论上，在"一条鞭法"以前的户役制下，一个户口中的不同主体，往往会因如何承担赋役产生分歧，前文所说"父子当差，则一日不让，兄弟应役，则移时不甘"是合乎逻辑的。加上等级户役制的逻辑，明初的人户倾向于分户，但是，"一条鞭法"以后，赋役征派以丁粮派征银两，编户就不需要再以分户来逃避赋役负担了。于是，在清代的图甲体制下，一个户口下面容纳众多的纳税主体，不需要再面对如何分摊负担的问题，各个主体都按丁粮缴纳，需要解决的只是如何保证按时完粮的问题。如南海县蒲镜兴户的例子，蒲镜兴户下面分了很多个子户，子户下又可以有很多的"丁"，户下的各个子户可以自己去纳税，这

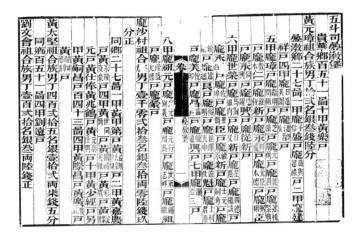

图9 《南海氏族》（广东省中山图书馆藏）选页（一）

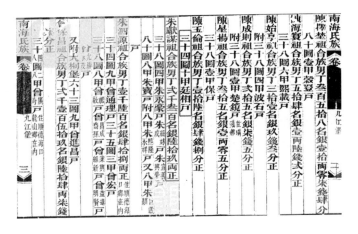

图10 《南海氏族》（广东省中山图书馆藏）选页（二）

自下而上的制度史研究

就是"一条鞭法"以后的所谓"自封投柜"。但是这个方法并不能保证纳税的及时性,有些人到了规定时间就是交不上税。所以,到了清代中期,尤其是清末出现了一套新的方法。"蒲镜兴户"的这条文献描述了新的纳税方法的转变:"吾族粮务旧由各户备纳,或先或后,总难划一。同治甲子,绅耆酌议,拟由本立堂收(定以每年十一月十四日为期),用蒲镜兴总户完纳(每年十一月十五日)。如该子户十五日不清交,则本立堂先代清纳,加五收回,永著为例。"① 蒲镜兴户用家族的税务管理代替了政府派出的差役,负责把该户的税收起来。这背后意味着,同一户下各个子户的赋税负担,往往可以依靠该户实际上所依托的社会实体的纳税能力而得到减轻。在乡村,代替官府的往往是宗族、家族,但也有其他形式的组织,如钱粮会、神明会、清明会等。所以,户可以很大,也可以很小。对于政府来说,分户不影响赋税收益;对于纳税人来说,分户也不影响实际的负担。这样一种图甲制,虽然是明代里甲体制的直接沿袭,但其内在构成和运作机制已经完全不同。要弄清楚这种制度的演变,以我的经验,只能够从基层社会的层面,以民间文献分析才可以实现。

---

① (清)蒲群昭、(清)蒲杰昭总修:《南海甘蕉蒲氏家谱》,不分卷,168页,天津,天津古籍出版社,1987。

清代的图甲制度和明代的里甲制有相同的方面，也有相异的方面。相同的方面是：

（1）在构造上，图甲制基本保留了一图十甲的结构。

（2）图甲和里甲一样，是编户齐民身份的根据。（如科举和社会身份的确认）

（3）图甲仍然是财产登记和政府征税派役的系统。

不同的方面是：

（1）图甲的基本单元是户，图甲中的"户"，不是一个家户，而是一个田产和赋税责任的登记单位，户基本上不登记人口，其中的丁数只是一种纳税单位。

（2）图甲一般不是"里长—甲首"的结构，而是"总户—子户"的结构，即图甲制本身并不是一种社会组织系统，而是赋税征收、稽查的系统。

（3）图甲制下，开立一个户的社会单元不是一个家庭（当然也可以是一个家庭），而是一个基于共同利益或合作关系形成的社会组织。最常见的是血缘组织，或者是家族，或者是宗族。当然，也可以是其他形式的社会组织。图甲制下"户"的性质变化，常常和宗族的建构有直接的关系（明代中期，尤其是嘉靖年间开始，宗族逐渐成为组织社会的方式），甚至成为宗族形成的一种机制。在有些地方，所谓"宗族"并不是一个父亲生多少儿子，而是同一户下的各个子户建立合作关系的方式。之所以能发生合作，而没有出现明初"花分子户"的问题，是因为此时的户已经不是按照户的大小来分配轻重不同的负担了，户只是一个稽查税收登记的系统。所以在有些地方，宗族直接称为户族。

里甲制到图甲制的转变，是明代到清代社会结构转变过程中一个基本的转变，因为图甲制意味着一个新的国家、社会秩序的形成。做社会史研究的学者常讲一个概念，即"民间社会的自治化"。图甲制下，一个上千人组合在一起的户，其运作在很大程度上需要依靠基层社会的自治机制。但是这种自治并没有脱离国家体系，而是在"一条鞭"的原则下，不改变洪武体制"夏税秋粮"的税收结构，也不用废除里甲体制，仍然在原有框架下通过民间自治的方式去运作，仍然是国家基本制度的财政、赋税和户籍体制。这样一来，所谓民间自治就和大一统的集权国家有了新的、更稳定的整合机制。明朝出现的很多问题，到了清朝就没有了。比如，明朝最严重的社会问题是逃户，清朝的情况恰恰相反，非但没有逃户的问题，而且大家都想方设法挤进户籍系统，因为只有进入户籍系统，购买的田产才有合法性，才能考科举，打官司才有确定的身份定位（不在户籍系统中的人属于"无籍之徒"、贱民）。

进入户籍系统，最简单的办法就是被写进"族谱"，成为某个宗族的成员。只要这个宗族有户籍，该户之下的所有人就都有户籍。要证明自己是某个宗族的成员，其实也很容易——找到一本族谱，看看哪一代有逃逸的人，就可以冒名顶替，根本不需要得到衙门中胥吏的许可。这种方式的运作足够"民间"，但国家体制正是在这一套民间应对办法的配合下运转的。这是我们理解明清国家结构变化很重要的一点。所有这些变化都跟等级户役制度转变成按丁粮征收定额化的比例赋税直接相关，因为如果没有"一条鞭法"所带来的变化，户的丁粮多寡与赋役责任的轻重之间的关系就是等级累进的关系，而"一条鞭法"确立了直接以 "丁"（既定的计税单位）和"粮"（反映田产赋税轻重的计税单位）按比例税率课征赋税的原则，一个户口下面登记的田产增加，已经不会导致单位纳税对象赋役负担的加重，需要解决的问题，只是形成如何稽查和避免拖欠的催征机制。

最后，我想以一段亲身经历作为结束。1986 年，我在广东中山小榄做田野调查，认识了一位从 20 世纪 30 年代开始接手管理家业的"老地主"，他在同我讲民国时期田赋改革对他们的土地经营的影响时，详细地讲解了田赋征收方式从"按户输纳"到"求田问赋"的改变，让我明白了同样是田赋，按户征收为何不是真正的土地税，这引起了我对中国历史上赋役制度性质的重新思考。这个经验让我坚定了一个信念：要了解一种国家制度，需要从这种制度下人们的生活经验、从他们留下来的实际运作的文书出发去理解。这就是我所说的自下而上的制度史研究。

（2019 年 4 月 9 日在北京大学人文社会科学研究院"文研讲座"第 118 期上的演讲）

行走华南

◎ "华南研究"三十年

在历史中寻找中国,是"华南研究"30 年来的一个基本追求。我们比较喜欢用"华南研究"这个标签,是因为这个标签来自在香港成立了已经快 30 年的一个学术小团体——"华南研究会"。

要了解华南研究会,程美宝、蔡志祥在十多年前写的《华南研究:历史学与人类学的实践》[①],陈春声 2006 年发表于《读书》杂志的《走向历史现场》,以及萧凤霞的《反思历史人类学》[②] 和科大卫(David Faure)的《告别华南研究》[③]

---

① 载《华南研究资料中心通讯》,第 22 期,2001。
② 载《历史人类学学刊》,第 7 卷,第 2 期,2009。
③ 见华南研究会编:《学步与超越:华南研究会议文集》,9~30 页,香港,文化创造出版社,2004。

都可以用作参考。

如果要用比较清晰的语言概括"华南研究"的追求，我想引用《华南研究：历史学与人类学的实践》里的一段话："近 20 年来，有不少海内外学者在华南地区从事历史学和人类学研究，他们的研究取向逐渐被称为'华南研究'。不过这个'华南'的地域范围，多是从英文'South China'的意义来理解，与中国大陆习惯所用的'华南'不同。"它不是从地理区域的意义去理解，"华南"不是我们研究的一个划定的省区范围。"华南研究"是"以华南地区为实验场，力图在研究兴趣和方法上超越学科界限的研究取向"[①]。所以，"华南"只是一个研究的实验场，而不是研究的目的。

1949 年以后国外学者进行中国研究，之所以主要以华南为一个实验场，是冷战的结果。1949 年以后，海外的大部分中国研究学者不能直接进入中国大陆做研究，尤其是人类学田野调查，就多以中国香港新界、台湾地区以及海外华人社区，特别是新马地区的华人社区，作为他们继续进行中国人类学研究的田野点，在此基础上形成了一种学术的视域和理论方法。由于这几个地方在人文和历史上与福建、广东地区有很深的渊源，所以当 20 世纪 70 年代末，中国大陆开

---

① 程美宝、蔡志祥：《华南研究：历史学与人类学的实践》，载《华南研究资料中心通讯》，2001（22）。

放伊始，承接着这个研究传统的学者进入中国大陆，自然首先是进入福建、广东，与福建、广东地区的一些学者有了合作关系。这种合作到今天已经持续了30多年，并把研究的视野扩展到了中国大部分省区。因此，所谓"华南研究"，已经不是局限于在某个区域来做研究，而是追求以地方社会做实验场，结合田野考察和文献资料，建立有关中国历史与社会文化的新的研究范畴和视角。

这样表达我们的追求，听起来有自我夸大的嫌疑，但的确是我们一种自觉的追求，我们希望能够通过地方的研究，对中国历史、社会、文化达至整合的、具备深度和广度的诠释。在历史学方面，我们希望能够改变原有的中国历史解释范式。这种追求，似乎在圈外也获得一些学者的认可。原"中央研究院"民族所所长黄应贵教授2004年评价华南研究说："华南研究从开始进行到今天，已经超过了20个年头，华南研究会成立已经超过10个年头，去年更正式出版了《历史人类学刊》。"这个学刊在香港出版，主要面对台湾地区以及海外的读者，大陆尚未发行，但也一直得到不少学者的关注。华南研究"不但能够不断吸引中外学者加入成为其新的成员，而研究范围也由华南扩展到华北、华中、西南等地区。但核心成员之所以能持续参与并主导整个研究，主要还是在于核心成员一直有一个学术共识与理想"。对此，黄教授用简短的一句话概括了我们的学术志业："由地方调查的经验所了解到的平民的日常生活和想法，来改写中国史。"①
这是他侧重从人类学家的角度所做的概括。也许我应该补充
的是，我们除了地方调查经验外，还注重各种历史文献，包
括官方文献和民间文献。

接下来，我试图用自己的研究的例子说明我们如何追求
和改写中国历史。下面是一段关于乡土历史的叙述，这样的
历史叙述的套路我们非常熟悉，很多地方文献以及一般的历
史著作都会用这样一套话语来讲述地方历史。不过，对这样
一套话语，基于不同的研究经验，可以做不同的解读。以下
这段话出自民国版的新华《潮连乡志》的序文：

在南宋咸淳（1265—1274）以前，潮连仅一荒岛，渔
民蛋户之所聚，蛮烟瘴雨之所归。追咸淳以后，南雄民族，
辗转徙居。尔时虽为流民，不过如郑侠图中一分子。然珠玑
巷民族，大都宋南渡时，诸臣从驾入岭，至止南雄，实皆中
原衣冠之华胄也。是故披荆斩棘，易俗移风，而潮连始有文
化焉。夫民族之富力，与文化最有关系。地球言文化，必以
河流；粤省言文化，当以海坦；古世言文化，必以中原礼俗；
现世言文化，必以濒海交通。我潮连四面环海，属西江流域，

---

① 黄应贵：《进出东台湾：区域研究的省思》，见夏黎明主编：《战后东
台湾研究的回顾与展望工作实录》，120~134 页，台东，东台湾研究会，
2005。

河流海坦，均擅其胜。以故交通便利，民智日开。宜乎文化富力，与日俱增。试观各姓未来之前，其土著亦当不少，乃迄今六百年间，而土著不知何往。所留存之各姓，其发荣而滋长者，大都珠玑巷之苗裔也。

这段话叙述的是广州珠江三角洲乡村社会的历史。在南方，很多乡村的历史起点都会追溯到宋代。南宋以前，这地方只是一个荒岛，居住的都是"渔民蛋户"，时常"蛮烟瘴雨"。到了南宋咸淳以后，由中原迁来一批人，这批人虽然是流民，但其中也有一些士宦，所谓"中原衣冠之华胄"。这批有文化的汉人到了南方之后开始开发。除了土地开发以外，还有商业、贸易以及市场的发展。民智日开，这个野蛮的地方由于来了一批中原人，就变成了经济文化繁荣的中国一部分。这几乎是讲整个中国南方边缘地区历史的一种固定模式。

不过，这段乡志最后提出一个问题，让我们重新对整个历史叙述进行反思："试观各姓未来之前，其土著亦当不少，乃迄今六百年间，而土著不知何往。"它是说很有文化的中原人来之前，这个地方应该还是有人住的。原来住在这里的人跑哪里去了？在古代中国一些地方，如贵州、湖南、四川，以及广东北部，我们还可以看到汉人来了之后杀害土著的事例的记录，但是，至少在珠江三角洲，似乎没有相关记录。

那么这些土著去哪了？这篇序文并不回答，这就给我们留下了解读传统历史叙述背后的一个想象的空间。由这个想象的空间，我们可以换一个眼光，从这样一个看似熟悉的历史叙述背后，探究其隐含着的截然不同的历史解释。我们通过田野考察，结合文献释读，追寻这种历史叙述隐喻着的历史的进程。

要理解这段话，我们不妨先从珠江三角洲的聚落格局入手，在珠江三角洲的地图上，紫色的块是城市聚落，最北边这块是广州，南边是香港和澳门，中间连接着其他的城市。我们看卫星图，则会发现很多大的乡村聚落。进入这些空间，进入现场的景观，可以看到，在城市带和大聚落分布的空间里，村落的规模都非常庞大，人口数以万计，让人印象深刻。走进村子，可以看到成片的建筑，规模几乎跟一个城市差不多。村子里有宏敞的祠堂，村子里面的街道与传统城市的街道也差不多。但是，在另一个区域，我们则会看到另外一种村落景观，就是沿着堤围搭建的房子组成的村落，这些村落的房子过去是草房或树皮搭盖的寮，一直到不久前才开始建起砖瓦房。

从这种空间和景观出发，联系刚刚引用的那段乡志的记述，可以获得这样的认识：所谓中原衣冠们都住在大村落，所以看不到土著。其实，土著不是没有，而是住在沿堤围搭建的寮中，那些大村落的人把他们称为"疍民"（按：亦称蛋民、蜑民）。这样明显的空间分布和景观差异背后，是汉人与疍民、中原衣冠与土著或是蛮夷的分类。

在研究中，我们发现这种分类，不只是空间、景观、族群标签的分别，在社会结构上，还与很多分类相联系。笼而统之看，至少有地理空间、村落形态、生业、市场、土地经营、宗族、信仰仪式、社会等级、族群等分类。我的研究就是通过长期的田野研究和文献解读，把这些属于社会结构的范畴置于特定的时间和空间中，把五六百年或者八九百年的历史贯穿下来，去理解其结构的过程。

范畴	明初	明正统年间	明代中叶	清代	对应分类
地理空间	军事征服/土豪控制/垛集军户/屯田	黄萧养之乱/秩序重建/户籍整理/信仰正统化	士大夫化/礼仪改革/宗族/商业化	迁海与复界/粮户归宗/户籍制度改变/土地分类登记	开边/埋边(里面/外面)
村落形态					块状村落/无定居(条状村落)
生业					桑基鱼塘/稻田
市场					城市市镇/稻米市场
土地经营					地主/大耕家与耕夫
宗族					大族/水流柴
信仰仪式					神庙/无庙
社会等级					编户齐民/无籍
族群分类					民(汉)/疍

这张图的中间部分，我列举了从明代到清代这个地方的历史的一些比较重大的关节点。对于这幅图，我们可以有很不一样的解释。一方面，我们可以根据熟悉的历史学叙述，产生由中原到边疆、由中央到地方、由国家到民间的扩张，就是从国家扩张过程的角度讲述历史。而另一方面，我们同样面对这样的事实：在国家扩张的表面下，历史其实是在本地的历史动力下徐徐展开。在我们习惯的国家历史叙述话语体系里，了解国家扩张过程实质是一个地方的发展，地方并不完全处于国家影响之下，历史是在本地的社会历史脉络下最终达成的。

我的研究要说明的不仅是上述这些分类范畴，还包含如何在一个历史过程中形成一组组对立的概念，如外面—里面、块状村落—条状村落、稻作农业—经济作物种植、地主/大耕家—耕夫、大族—水流柴、汉人—疍民等，以及这一组组对立的概念，在怎样的社会结构和制度框架下流动，又怎样在流动中形成凝固的结构。我希望能够从这样的认识中建立新的历史叙述。

我们所做的历史研究，不仅仅要了解事实本身，还需要在历史结构之下，将大家熟悉的历史记录与实际发生的过程结合起来。这需要在方法论、认识论上进行很多新的探索，需要在实证的经验型的研究中去逐步建立。这些研究不只是在事实的发掘和解释上提出一些新的见解，更在一些基本的方法论的前提下区别于传统历史学。

我们的研究在学术渊源上可能与中国历史学有不一样的脉络。这里的学术渊源，并不是通常意义上的学术史，而是我们的研究取向在问题意识和方法论上的渊源。这个渊源可以具体到师承关系延续，对我们的研究取向产生直接影响。

大致上，"华南研究"的学术追求可以追溯到四个渊源：首先是从 20 世纪 20 年代开始的中国民俗学运动，其次是中国社会经济史研究的传统，再次是人类学的中国研究，最后也包括战后西方学术背景下的中国研究的影响。

民俗学运动在 1949 年以后的中国学术界几乎被人们遗忘。不过，最近 20 多年来，学界越来越重视这个运动，此不赘言。将近一个世纪前开始的民俗学运动对最近 30 多年的"华南研究"的开展比较直接的影响是，1927 年顾颉刚到中山大学建立了中山大学民俗学会，创办《国立中山大学语言历史学研究所周刊》和《民俗》周刊。中山大学和厦门大学的人类学系和人类学研究传统都与此有直接的渊源。中山大学和厦门大学是中国大学中长期持续开办人类学系的两所大学（1949 年后有一段时间由于人类学被宣布为资产阶级学科而停办，但人类学研究的传统仍然保存在两校的历史系中），两校的人类学系都是直接由民俗学运动留下的种子。

民俗学运动在很多方面都留下了很重要的思想学术遗产。其中在学术理念上对我们影响最深的，是《民俗》周刊的发刊词中最后的几句口号，它提出："我们要站在民众的立场来认识民众！我们要探检各种民众的生活，民众的欲求，来认识整个的社会！"这也可以说是"华南研究"一直坚持的信念，直接连接着的理论渊源。华南研究的目标在于改写中国历史，实质上是要探索如何从民众的生活和欲求来认识整个社会。这点讲起来很容易，但要付诸实践，需要长期的学术探索，也需要找到转换的理论与方法。它不能只是停留在老百姓日常生活的层面，这样是无法改写历史的。

"我们自己就是民众！应该各各体验自己的生活！我们要把几千年埋没着的民众艺术、民众信仰、民众习惯，一层一层地发掘出来！我们要打破以圣贤为中心的历史，建设全民众的历史！"这几句口号已经成为"华南研究"坚持的信念。但是信念容易，由信念转换到研究的实践，最后建立起新的历史解说，仍然有漫长的路要走，这就是我们"华南研究"要探索的路。

当然，另一个渊源是中国社会经济史研究的传统。"华南研究"的学术信念和人类学取向虽然受民俗学运动的影响，但"华南研究"在厦门大学和中山大学工作的几位核心成员师承傅衣凌教授和梁方仲教授。傅衣凌教授主攻乡村社会研究，梁方仲教授研究近代中国农村经济，着重从户籍赋役制度入手研究。

傅衣凌教授有一本小书《福建佃农经济史丛考》。他"提倡经济社区的局部研究，以为总的体系的鲜明的基础"①。这是华南研究所持的基本信念，也就是说，我们研究小社区、小地区的目标是要了解总的体系。在中国社会经济史上，以社会史论、文献为基础，已经建立了中国式的封建社会范畴等一系列假说。但是，傅先生告诉我们，我们还需要搜集民间资料来证明它是否符合历史事实。因此，无论是社会史还是社会经济研究，由图书馆里的文献、正史的文献推导出来的结论是需要民间文献证明的。傅衣凌教授的研究立足于福建农村，但并不放弃对中国社会形态总轮廓的说明。我们一直沿着傅先生开创的道路努力。现在厦门大学建立的民间历史文献研究中心就是在努力进行民间记录的搜集和研究。

梁方仲先生在 20 世纪 30 年代和一群以清华大学毕业生为主的年轻学者组织了史学研究会。他们以天津《益世报》的《史学》双周刊和南京《中央日报》的《史学》周刊为主要阵地。在《益世报》的《史学》双周刊发刊词里，他们明确宣称："我们不轻视过去旧史家的努力"，"我们也尊重现代一般新史家的理论和方法"。就是说，我们不认为传统史学与新史学是对立的，我们很清楚它们在历史观念上是打通的，在方法上是可以相辅相成。后面那句话也很重要：

---

① 傅衣凌：《福建佃农经济史丛考》，1 页，福州，福建协和大学中国文化研究会，1944。

"我们不愿依恋过去枯朽的骸骨，也不肯盲目地穿上流行的各种争奇夸异的新装。"就是说，我们既尊重旧的，也尊重新的。这几句话看上去很空，但在史学界却是一直紧张纠结的问题。因为祖师爷们的教诲，所以"华南研究"这个群体里面一直没有这样的紧张。我们同时坚持这样的信念："零烂的、陈旧的、一向不被人们所重视的正史以外的若干记载，我们也同样地加以注意，这里面往往含有令人惊异的新史料。反是，在被装进象牙之塔里去的史籍，往往有极可珍惜的史实被掩置在一副古典的面具之下，或被化装成另一事物，或被曲解为另一意义。"我理解这句话就是我们一方面要去搜集新的民间材料，另一方面也要重视象牙塔、图书馆收藏的材料，认识到它可能长期被掩盖在一副古典的面具之下。我们在方法论上的重要追求，是要面对同样的史料——正史、正书或者文人文集，把古典面具揭开，寻找它另外的意义。最后，宣言说："我们愿意从大处着眼，小处下手。""帝王英雄的传记时代已经过去了，理想中的新史当是属于社会的、民众的。"这是 20 世纪 30 年代知识界的信念。年轻的史学家们已经开始很努力地推动具体研究的策略转换和理念建立。

中华人民共和国成立以后，史学的发展看起来与民国时代的学术联系是断裂的。但是，就中国经济史研究领域而言，并不是简单的截然的中断，虽然明清社会经济史的研究在 1949 年以后有了很多新的问题和很不相同的取向，但作为新史学的重要部分的社会经济史研究，在某种程度上以不同的方式一直保持着自身的脉络。明清社会经济史研究，从 20 世纪五六十年代以来，有几个追求一直没有完全放弃，包括社会科学的取向、跟社会理论的关联、不断地探求提出新问题及一直寻求新史料，尤其是民间文献。在这个意义上，明清社会经济史从 20 世纪五六十年代以来的发展同我们今天的追求仍然有一脉相承的联系。我们一直在非常努力地扩充历史资料的范围，一方面是民间资料的搜集，一方面是在象牙塔的史料中重新发掘新的意义和新的事实。因为持续的努力与关怀，明清社会经济史研究与经济学、社会学、人类学等社会科学，从理论到方法，一直保持着紧密的关系。如果要总结 1949 年以后的史学，就不能不提到这个传统一直存在于我们这一行中。当然，这种与社会科学的对接不是说没有问题，但这样的传统令我们很自然地通向了今天的追求：一是走到田野里面去，搜集第一手资料；一是要重新做社会研究，用社会科学的眼光对历史重新解释。正因为我们从事明清社会经济史研究一直坚持这样一种学术取向，所以，当我们在 20 世纪 80 年代与人类学中国研究的传统接触的时候，很容易达致一拍即合的结果。

"华南研究"的第三个学术渊源就是人类学的中国研究。最早期是一些西方人类学家在中国的研究，后来又有一批年轻的中国学者在美国、英国读完人类学、社会学后回到中国做了一系列的研究。他们的研究领域、关注的问题都为我们今天的研究奠定了很好的基础。但在 1949 年以后，这个传统在中国基本上中断了。从 50 年代以后，人类学的中国研究主要是一些以华南为研究对象的人类学家在做。由于他们不能进入中国大陆进行田野调查，中国台湾、香港新界和海外华人社会成为他们的主要田野地点，有不少重要的研究成果。几位对"华南研究"有最直接影响的人类学者包括施坚雅（George William Skinner）、弗里德曼（Maurice Freedman）和华德英（Barbara E. Ward）。这几位学者的研究不管是在方法论上还是在研究范式上对华南研究的影响都非常直接，我个人认为，他们的研究直接启发我们将《民俗》周刊的发刊词所确立的理念转换为具体研究实践中可以实际操作的方法。所以，要理解"华南研究"在方法论上的路径，特别要了解他们奠定的学术基础。

首先谈一下施坚雅。中国的学者很熟悉施坚雅，近 30 年，中国学界，尤其是中国社会经济史研究，都会经常提到施坚雅，讲他提出的蜂窝状市场结构、大区理论等。但这些在我看来，并不是最重要的。施坚雅的贡献，最重要的是他真正颠覆了我们整个的历史解释，颠覆了关于中国历史解释的整个逻辑。在《在历史中寻找中国：关于区域史研究认识论的对话》一书的对谈和附录里，我谈到为什么中国人会注意施坚雅的蜂窝状结构、大区分割和历史周期，因为它们与中国传统史学的解释模式可以有看似相通的表述。但恰恰因为这样，我认为中国学者对施坚雅的理解总是逾淮为枳的，或者说，中国史学界讲施坚雅的时候，实际上是把施坚雅扔掉了。因为只要把蜂窝结构拉回市场网络的解释，把大区放回中国王朝社会的区域，把历史周期放回"合久必分、分久必合"，"王朝社会初期就繁荣，王朝后期就没落"的思路里面，施坚雅的理论全都很容易被中国学者所接受。但我认为，施坚雅对我们的启发意义，不在于这些结论性的表述，而在于他从个人理性的行为出发去建立一种关于中国大一统结构及其历史周期的解释。

中国传统的历史，从来都是一种国家的纪事。因此，从国家看下去，国家下面分若干个区是很自然的，每个区内有不同层级的市场圈，也是不难理解的，看看《史记·货殖列传》也能够产生这样的图像。在这样一种历史结构中，分区可以是不言而喻的，如冀朝鼎先生提出的基本经济区，还有古人的九州概念，就是从王朝角度去划分和理解的。但施坚雅的论述采用的不是这样的逻辑，他颠倒过来，从每一个人都是理性的经济人出发，以乡村中的人的行为都是基于理性的选择为前提，认为最基层的是由理性经济人的行为形成的基层小市场，由基层市场再一级一级构成中间市场，一直到区域性的市场。这样一种逻辑为我们实现《民俗》周刊的发刊词中所倡导的"我们要探检各种民众的生活，民众的欲求，来认识整个的社会"的主张提供了最关键的一个入口。我们的研究在理论和方法论上的逻辑应该由此展开。所以说，施坚雅的影响引导我们的研究有可能不是一般地高高在上地同情民众、同情民间，而是真正深入老百姓的行为，去建立中国历史大结构的解释。它在方法论上开拓了一条我们在实践层面完全可行的研究路径。

弗里德曼在中国人类学、历史学、社会史领域被中国学界知晓是近年来的事情，但其实大家对他的研究的了解还停留在表层。大家最熟悉的应该是他的中国宗族研究，于是，讲到中国宗族的时候，大家多会提到他，好像要从他那里才知道中国宗族似的。其实，这里或多或少都隐含着一种误会，现在大家以为他是用宗族来解释中国社会，其实这不见得是他的研究的本意。我觉得，弗里德曼并不是讲中国社会到处都是宗族，他只是首先面对一个事实，走进乡村，尤其是华南乡村，看到很多单姓村，或者即使不是单姓村，也是以姓氏群体构成村落的基本结构。但是他不是要把中国描述成由继嗣群体组成的社会，他要解决的是解释血缘群体和血缘的、家庭的、亲属的结构与中国社会实际的乡村社会的社会结构、社会组织之间的连接关系。他建立起来的解释恰恰让我们看到宗族，或者由生育行为建立的血缘群体其实不是简单的中国社会结构的基础，其背后是非常复杂的社会。因为他采用的是功能主义的方法，所以他恰恰可以揭示亲属关系的结构和实际的乡村社会结构如何连接，如何构成我们看到的乡村社会，祠堂、宗族、血缘、姓氏背后潜藏着什么样的社会逻辑。

弗里德曼与施坚雅的贡献对华南研究的重要影响体现在社会科学取向这一点。经济学和人类学的理论逻辑有两个跟中国传统历史学不一样的起点。历史学从王朝国家出发去解释社会，但经济学和人类学恰恰是从最基本的人去解释社会。施坚雅采取的是古典经济学的立场，他采用的地理学的中心地理论是从理性的经济人出发的；弗里德曼则继承了人类学功能主义的传统，从人的生育行为、生物行为去解释。但是弗里德曼并没有局限在人类学的经典逻辑，由生育和生物的行为建立起部落社会或者氏族社会的解释，他恰恰解释了在更复杂的明清至民国时期的传统中国社会中，由人的生育行为建立起来的社会系统，如何跟比较近代的乡民社会系统之间连接起来。

对"华南研究"影响最直接的，也许是华德英。很久以来，华德英在中国大陆的学术界，甚至在美国的中国研究学界，几乎很少人知道，但她对我们的影响非常大，除了由于香港"华南研究会"的核心成员都是华德英的学生外，更因为她在香港渔民的研究中提出的关于意识模型的理论，对我们有很大的启发。施坚雅和弗里德曼是从人的行为出发去建立起关于整体的社会结构的论述和解释，但他们基本上是在社会组织、社会结构的层面上讨论，华德英则把社会组织和社会结构层面的问题与意识形态和认知领域连接起来建立起理解人群社会的方法。她是在结构主义框架下提出一种关于社会结构模型的理解的。列维 - 斯特劳斯（Claude Levi-Strauss）在讨论社会结构的时候，提出可以分为人们关于自身社会的意识建构和来自外部观察者的建构两种模型，前者为自觉意识模型或自制的模型，后者为非自觉意识模型或观察者模型。华德英把"自觉意识模型"再细分为"他们的近身模型""他们的理想观念模型""他们作为观察者的模型"，第一种模型是基于自身直接生活经验的意识建构，第二种模型是他们对自己的身份属性应该如何的意识建构，第三种模型是他们看待其他社群的意识建构。华德英提出的这几种模型的关系，为解决中国千差万别的地方社会和文化为什么及如何构成一个大一统的中国，提供了一种非常有效的路径。如果我们回到《民俗》周刊的发刊词提出的主张，细想一下，我们如何从民众的欲求、信仰去解释社会文化的历史，人的感觉、观念、认知、心理如何与经济人、生物人、文化人的行为组成连接，那么华德英的论述可以提供一种有效的观察与分析方法。她的理论是以在结构主义的框架中的方法，把社会组织研究中人的行为研究与认知领域，甚至心理层面、观念层面连接起来，帮助我们不但可以从人们的日常生活和组织形态，还可以由人们的欲望、观念、信仰，搭建起关于中国社会的解释。多年来，我们在华南地区的研究形成的很多解释，在方法论上深受华德英的影响。

除了以上几位人类学家以外，人类学的影响还直接体现在"华南研究"展开的实际过程中。在中国大陆地区开展研究之前，其实已经有一群主要由人类学家组成的学者在台湾和香港两个场域开展传统中国社会的研究。所以，要追溯华南研究的学术传统，其实远远不止30年，我们不能割断这些学者在台湾和香港地区的研究与华南研究的关系。在香港，我们可以追溯到罗香林、弗里德曼、华德英、华琛（James L.Watson）、华若璧（S.Rubie Watson）、田仲一成、濑川昌久等人类学家的研究；而在台湾，除了武雅士（Arthur P.Wolf）和孔迈隆（Myron L.Cohen）关于台湾乡村社会的解释对我们有非常直接的影响外，还有由张光直、李亦园等先生推动的"浊大计划"。我们最早了解台湾人类学者关于中国传统社会的研究旨趣，就是从在这个计划中成长起来的、当时还是年轻学者的庄英章、陈其南等先生的著作中获得的。在"华南研究会"走过的30多年道路上，"浊大计划"与"华南研究"有很直接的联系。1977年，领导"浊大计划"的重要成员王崧兴教授受聘于香港中文大学，1978年，华德英应邀出任香港中文大学社会学系访问教授，1979年到1981年，在王崧兴教授与华德英教授的支持下，香港中文大学人类学系开展"高流湾研究计划",我们"华南研究"团队中的一些主要成员就是他们的学生。王崧兴教授去世前,也曾经到中山大学讲学。

中国大陆改革开放之后,这些以台湾和香港作为研究实验场的人类学家得以进入中国大陆,从20世纪80年代开始,他们陆陆续续与我们建立了种种形式的合作关系。其中很重要的是80年代到90年代分别在福建和广东开展的"闽台社会文化比较研究计划"与"华南传统中国社会文化形态研究计划",参加这两个计划的学者包括了武雅士、庄英章、杨国桢、陈支平、郑振满、萧凤霞、科大卫、陈其南、蔡志祥、刘志伟、陈春声、罗一星等人。后一个计划当时简称"华南计划",是90年代初在萧凤霞教授主持的"李郑基金"的资助下,由当时任教于香港中文大学人类学系的陈其南主持的。该计划后来虽然由于陈其南离开香港中文大学而中止,但它通过把中山大学、厦门大学的研究学者和香港、台湾的学者整合起来,把上述两个计划连接在一起,初步形成了"华南研究"的基本范式。1991年,陈其南撰写了一段关于该计划的旨趣的文字,很能反映我们当时的追求。他写道:"本研究计划的初期目标拟着重在结合人类学的田野研究和历史学的地方文献分析,针对华南几个代表性的地区社会,分别从事几个主要社会文化层面的深入考察,尝试透过当代社会科学的研究方法对中国传统社会的特质提出一些属于本土性的观点。"[①]

华南研究有很多基本的视域——时间与空间、结构过程、个人与社会、身份认同的流动与身份标签的僵化、王朝制度与地方动力、文化多元与大一统、边缘的中心性、区域与跨区域、全球视野，等等，都是在过去几十年由这群人类学家和我们这些历史学者合作，在共同的研究和讨论中逐渐形成的。

第四个渊源是从历史学本身的发展去追溯的，就是战后美国中国研究的影响。这个影响不仅仅体现在对"华南研究"上，最近几十年来对中国的明清史和近代史研究影响可能更为直接，大家也最为熟悉。在这个渊源上，我想简单提出两点，一是在中国的王朝国家制度与地方动力的关系上，二是在地方历史与全球视野上。战后美国的中国研究对我们影响最重要的是魏斐德（Frederic Evans Wakeman）和孔飞力（Philip Alden Kuhn）。当然，大家也可能还会想到何炳棣、张仲礼、萧公权，他们的研究都建立了关于王朝国家与地方社会关系的基本解释。不过，这种解释都是从国家制度和统治机制去解释的，而魏斐德和孔飞力则表现出不同的研究取向，当然，他们两人主要受施坚雅与弗里德曼的影响。与此同时，他们也把我们的地方视角引向国家的历史和全球的视野。对此，

---

① 本人藏稿本。

魏斐德在《大门口的陌生人》的导言中很形象地描述："中国村民向一个英国人扔石头，巴麦尊在伦敦白厅发怒，白厅向北京施加压力，广东省一个农民被斩首。各个地区发生的事情编织进了世界历史，中国发生了变化。"① 我们这些历史学者从他们的研究中得到的很大的启发在于，地方史研究不仅是王朝史、国家史，还要有全球史的视野。历史学在这里可以打通所有层面的解释。

最后简单说一下所谓"历史人类学"的问题。我们30年的追求，如果要简单概括，也可以说是一种走向"历史人类学"的追求。但我想强调的是，这个标签其实只是一个标签，在这个标签背后的意义当然表达了"华南研究"的追求，同时也因为目前的学术环境下需要设立一些学科，这个标签就变得好像很重要了。但这个标签并不是我们的发明，我们乐意使用这个标签，首先是有年鉴学派的历史学家勒高夫（Jacques Le Goff）的鼓励，他在《新史学》一书中就提出："或许是史学、人类学和社会学这三门最接近的社会科学合并成一个新学科。关于这一学科保罗·韦纳称其为'社会学史学'，而我则更倾向于用'历史人类学'这一名称。"② 1993

---

① ［美］魏斐德：《大门口的陌生人：1839—1861 年间华南的社会动乱》，王小荷译，6 页，北京，新星出版社，2014。

② ［法］雅克·勒高夫：《新史学》，见［法］J. 勒高夫等主编：《新史学》，姚蒙编译，40 页，上海，上海译文出版社，1989。

年，他在中山大学演讲时也特别提出："这样的研究方向对我们十分重要，因为我们得以更好地理解人们日常生活的历史，一切人的历史，而不单纯是理解社会上层的历史。然而人类学主要是在功能主义（le fonctionnalisme）和结构主义（le structuralisme）两个学派内部发展起来的。可是，功能主义和结构主义并不重视时间，也不考虑历史。所以，有意成为人类学家的史学家应当创立一门历史人类学。"① 我有时会听到人类学家批评说华南研究不是人类学，我想回应说"华南研究"当然不是人类学，但它是一群历史学者与人类学者共同探索的研究之路，我们在从事的也许更多的是历史学的研究。目前，我们共同开展的香港的 UGC（大学教育资助委员会）资助的 AoE（卓越学科领域）计划的项目"中国社会的历史人类学研究"也许是"华南研究"未来发展的一个新的转折点。

（2014 年 10 月 25 日在北京"亚洲思想运动报告——2014 人间思想论坛"上的演讲）

① ［法］雅克·勒高夫：《〈年鉴〉运动及西方史学的回归》，刘文立译，载《史学理论研究》，1999（1）。

◎ 家谱的意义

　　梁启超在《中国文化史》"宗法"篇最后说："秦汉以后之社会非宗法所能维持，故此制因价值丧失以致事实上之消灭。然在周代既有长时间之历史，儒家复衍其法意以立教，故入人心甚深，至今在社会组织上犹有若干之潜势力，其借以表现者则乡治也。"[①] 我觉得，讨论所谓"共同体之中国经验"，需要由观念形态和社会实态的相互关系去把握，从历史与现实的连续和对话去认识世系与谱牒在形构共同体中作用。梁启超这段看起来很简单的话解释了近世中国谱牒学价值的一个很基本的道理。作为上古时代的政治制度基础的宗法制，在秦汉以后失去了存在的政治与社会基

---

① 见《梁启超论中国文化史》，44 页，北京，商务印书馆，2012。

础，但由于基于宗法社会基础的儒家学说在后来的历史中成为主流意识形态，尤其是经过宋明理学以复明宗法为指向的礼法规范的新创造，宗法伦理化并转化为一种新的价值原则和社会规范。我认为，近世的谱牒和由此形成的一套知识系统，需要放在这样一个历史框架下去认识。同样，梁启超所说的古代宗法经过儒家衍其法意以立教，在新的历史时期表现为乡治的社会组织的一种"潜势力"，其能够实现，谱牒可以说是一种重要的机制，谱牒的现代价值也从而得以通过这样机制而存在。

我的研究领域是社会经济史，对经学、理学，或曰思想史、哲学史，都不懂，但是我们在研究明清以后宗族共同体的历史时，不能不去关注一下宗法理论的问题。我们需要了解，世系和谱牒这种看起来与现代性相悖的东西，怎么可能与现代的社会生活和社会结构联系起来。刚才钱杭强调共同体是要构建，这个怎么构建的问题，核心在于如何形成一套语法，或者形成一套怎样的语法。唐宋时期的社会现实，用创立近世谱牒范式的苏洵的话来说，是"盖自唐衰，谱牒废绝，士大夫不讲而世人不载，于是乎，由贱而贵者，耻言其先，由贫而富者，不录其祖，而谱遂大废"①。可见，当时谱牒已经不再存在，宗法、宗族完全失去了社会现实基础。

---

① （北宋）苏洵：《嘉祐集》卷十四《谱例》，1页，文渊阁《四库全书》本。

前面几位学者提到了阶级分化、私有化、私有制的问题，在逻辑上，社会的分化与宗法、宗族这种以血缘为纽带形成共同体的机制是矛盾的。在人类学中建立中国宗族研究范式的莫里斯·弗里德曼提出，关于近世中国宗族研究，最核心的问题，是一个高度分化的异质性的社会，如何可能以同质性社会的单系继嗣群体为社会组织。他把这称为一个谜，并且说，这个谜从人类学的路径解不开，要从历史中去寻找答案。在他这个说法的鼓舞下，我一直努力在历史中寻找解释。前面引的梁启超所说的话，就是我们从历史中寻求解释的最精要的概括。首先，宗法本身就是一种等级分化的社会政治制度，但毕竟还是以血缘继嗣关系为依据，秦汉以后，这种政治秩序已经解体，而社会的分化，也已经撕裂了这种血缘关系，宋明理学要在分化的社会重建以血缘关系维系的社会政治秩序，以古代宗法制度为范式，其思想资源就是梁启超说的"复衍其法意以立教"。这就到了哲学史研究的层面，但社会关系的构成，只从思想意识形态的主张和学说来解释是不能成功了，把这种伦理价值层面的主张，落实到社会组织层面，形构成基于父系继嗣共同体，其关键是谱牒的编纂，通过创建并改造谱牒的原则和形式来支撑。

　　关于谱牒与宗法观念转化成为梁启超所说的"潜势力"的关系，横渠先生有《宗法》一篇，一开头就讲得很清楚："管摄天下人心，收宗族，厚风俗，使人不忘本，须是明谱系世族与立宗子法，宗法不立，则人不知统系来处。古人亦鲜有不知来处者。宗子法废，后世尚谱牒，犹有遗风，谱牒又废，人家不知来处，无百年之家，骨肉无统，虽至亲，恩亦薄。"①
第一句就把宗法和谱系问题，定位在"管摄天下人心"上，所谓"收宗族"，是要首先在人心的层面，形成一种精神和价值的观念，再落实到社会组织的层面，建立新的社会组织原理和法则。宋明时期的学者，都是在围绕着这个问题来讨论。苏洵创编家谱，也明确说："观吾之谱者，孝弟之心可以油然而生矣。"②明代首科进士广东何子海说："家之有谱，谱其人乎，实谱其心也。"③因此，宋明以后重视世系谱牒，真正的目的是要建立起一种精神，一种价值，一种对共同体原理的想象。明白这一点很重要，对于我们今天认识各地的编修族谱的风气，进而正确理解并发挥其积极的社会价值，有着重要的意义。

刚才振满讲到我们做宗族研究，经常要面对的问题，是族谱资料的可信性问题，这不是简单用一两句话可以说清楚的。古代的士大夫，对于社会上修谱的攀附虚构风气，是很不以为然的。欧阳修讲唐代以前的谱牒之弊时，已经说："其

---

① （北宋）张载：《张子全书》，卷四，17 页，文渊阁《四库全书》本。
② （北宋）苏洵：《嘉祐集》卷十三《苏氏族谱》，1 页下，《四部丛刊》景宋钞本。
③ （明）何子海：《何氏留耕堂族谱序》，本人田野调查所收手抄本。

弊也，或陷轻薄，婚姻附托，邀求货赂，君子患之。"① 宋明之间，士大夫开始修谱牒的时候，由于当时还基本上是在丧服制度上附会小宗宗法的原则来修谱，攀援附会似乎还不会太滥，但明代以后，随着修谱的普及，谱牒世系突破小宗宗法的代数局限，又改变了大宗族谱的继嗣原则，攀附必不可免，甚至成为常态。然而，如果我们明白修谱的意义，就不会对这种现象感到困惑，也不会因此简单否定明清以后谱牒的文化意义和社会价值。

我在研究中，为了解释修谱合族的历史意义，常常会从谱牒的创造入手，以致造成一种印象，认为我总是在说族谱的伪造的。有一次接受一个采访，主持人直接就问我，你是否认为族谱是假的？我回答时断然否定。我说，族谱是真的！因为我认为对于研究者来说，族谱的价值，其记载的内容的真实性如何，固然可以是一个问题，但其更大的价值，不在这里。族谱更大的价值，在于修谱本身是一个真实的历史行为，族谱是一种通过追溯世系去确定当下人们的关系的"宪章"。我的意思不是说族谱记载世系的真假不是问题，而是说，不论族谱记载的世系是真是伪，它都是在一种真实的修谱动机和真实的社会行为下产生的，如果我们同意谱牒的主

---

① （北宋）欧阳修：《集古录》卷二《后汉太尉刘宽碑阴题名》，13 页下，《四部丛刊》景元本。

要价值在于确立共同体的组织，以及共同体的情感认同和价值认同，就应该对修谱的行为和谱牒抱有最大的同情和理解。关键的问题是，人们编修族谱是真诚的，修谱寄托着他们对社会秩序和伦理价值的理解、想象和期望。他们相信族谱编修出来，能够对现实的生活产生积极的影响，能够成为处理现实社会关系的途径之一，甚至能够有助于建立人们希望的社会秩序。

因此，我们认识谱牒在中国历史文化以及中国社会原理上的价值时，应该回到宋明理学家推动谱牒重建的初心。我在课堂上讲到这个问题时，很喜欢用一个明代人的故事作为例子。在成化年间官至内阁首辅的万安，在之前进少傅时，令中书为其写祝文告家庙。太子少保尹直偶见其稿中只列了曾祖、祖父，而没有高祖，觉得奇怪，问万安为何没有高祖。万安回答说："先世迁徙不常，遂忘高祖之名，故每祭不及。"尹直告诉他："先儒酌情制礼，止祭四代，予尚以为简，不足以尽孝子慈孙之情，而先生乃不及高祖，其名虽亡，而神气相感，固未尝亡。盍追尊一道号，及今日祭以告知，传示子孙，不亦宜乎！"万安听了甚为欢喜，曰："承教，信乎！先生出自文献之邦，善于礼也。予思不逮矣。"[1]

---

[1] （明）尹直：《謇斋琐缀录》，不分卷，92~93页，《丛书集成初编》本，北京，中华书局，1991。

后来尹直记下此事时，说，我看这个家伙，到京城来做官，溺于富贵功名，四十六年从不回去祭扫祖先墓茔。真是不孝！这个故事中，秽迹昭彰的万安不知其高祖并不出奇，而明敏博学的尹直秉承宋儒"酌情制礼"的精神，建议万安编造一个高祖的名字，理由是，虽然不知高祖是谁，但仍然是"神气相感"的，认为这样才可以尽孝子慈孙之情。我们从这个故事可以看到，这个时候士人的关心所在，是按照丧服制度仍未亲尽同时按照小宗宗法应祭及的高祖，应该列入继其神气的应祀祖先之谱，至于事实如何，并不是重点所在。我认为这是宋明理学复明宗法的初心。

重建祖先世系谱牒在培养和维系共同体的观念和心理层面的作用，从宋代的张载、程颐到朱熹，到元明以后的学者如吴澄、宋濂等，都讲过很多这种道理。虽然他们在理念上崇尚古代宗法，但他们同时很清楚按宗法原则去构建的社会基础已经不存在，也不可能真正重建以血缘关系组织的社会，现实的社会已经不可能是一个宗法的社会。在这样的现实下，他们相信古代宗法制作为一种传统理想社会模式的资源，可以通过"衍其法意以立教"，成为重建社会秩序的精神的支柱和价值的基础。在这一点上，我觉得宋明以后的士大夫是非常清楚的。问题是，他们这种思想创造，怎么样才可以成为现实社会重构的规则；这样一种"不切实际"的构想，怎么能够转变成为社会事实。这个转变的现实基础是，人们对个人与祖先之间血脉相通、神气相感，抱有一种信念，以这种信念为依据，宋明理学把宗法的原理改造成为"亲亲""孝悌"的伦理观念，嵌入现实社会中的亲属制度中，衍化为以谱牒形式构建的世系血缘关系和情感认同，赖此形成看起来延续古代宗法秩序的社会群体。这也许就是一种"共同体的中国经验"吧。

我们都知道，认识欧洲社会，需要明白宗教在欧洲社会结构中的影响。同样道理，认识中国社会结构的基本原理，也需要了解支撑这个社会构成的相应的观念意识形态。这套世界观和对社会秩序的想象，不一定是宗教的形式，但其在社会组织机制的作用和影响方式，与宗教的角色是一样的，在这个意义上，我们也可以将其理解为广义的宗教。我们知道，欧洲进入所谓阶级社会，尤其进入所谓封建制以后，社会共同体的意识形态基础是宗教，由一整套宗教教义构成的世界观、价值观、伦理精神以及由此形成的社会心理，构建出欧洲的社会共同体，成为欧洲社会秩序的基本法则。宋明以后的中国社会，可能没有宗教这样体系化制度化的意识形态基础，但宋明理学在礼法和礼仪重建方面的努力，也是要形成一种维系社会秩序的伦理和制度，建立一种类似于宗教那样的社会规范力量。推广修谱牒，明世系，敬宗睦族，是宋明理学这种的努力中比较成功的一着。我们要讲共同体的中国经验，或者讲中国文化的社会表现，这是不可以忽视的，你再不喜欢它，也必须承认它长期是人们心目中的一种有效的共同体法则，并且在今天仍然影响着人们对社会秩序的理解和想象。

今天，我们在很多地方，都看到修谱的风气越来越盛，并且扩散很快。我们在乡村中看到，近年来编族谱的行动是相当常见的，但同时，我们也了解大部分人对家族族谱没有多少直接的兴趣，也不太了解族谱的内容，但是他们都知道自己乡村或家族有人在编族谱，我们走进村子里，随便在路上问问人，都会获得谁家有族谱、谁在编族谱的资讯。村民甚至经常顺手就在家里拿出一本新编的族谱来给我们看。在乡村里，很多有文化的人，特别是离退休干部，退休中小学校长、老师，都对编修族谱抱有很大的热情，甚至把编修族谱作为自己晚年的一种使命。他们常常是乡村里比较受人尊敬的人。普通村民虽然不见得有同样的热情，但在编修族谱的过程中，需要支持的时候一般都会支持。也就是说，在乡村中大家还是把编族谱看成是对自己有意义的事情。

面对这样一种现状，我们这些自认为是学者的人，不能不去思考谱牒在现实社会中的作用。中国乡村经历了革命和改革开放的变革，原有的社会秩序受到很大的冲击，在很多乡村，传统的民间信仰和仪式越来越难以成为维系乡村共同体秩序的价值资源和机制。一个共同体，如果没有共同的信仰、共同的伦理和共同的秩序规则，很难想象能够只是靠政治行政制度去维系。因此，当代乡村中民间自发的编修族谱的行为，我们可以看作是维系传统的共同体机制的一种微弱的坚持。这种坚持，也许不可能真正成为未来社会的组织机制，但却是将传统的世界观和伦理价值保持下来的一种努力。在中国目前的社会生态下，这似乎是乡村传统得以顽强传续的一种主要途径。我们现在面对的是这样一种悖论，一方面，通过修谱收族形成的社会共同体，不可能成为当代社会的主要组织形式和主体的秩序范式；另一方面，通过修谱联宗，乡村中敬宗睦族的风气越来越盛行。例如，在云贵川地区，过去是没有什么族谱的，很多以祭祖为中心形成的组织，一般是清明会的形式，近年来，云贵川地区的修谱联宗越来越积极，特别热闹。清明会也许仍然是基本的共同体形式，但通过修谱，世系的意识和认同得到了强化，这种世系意识对于培育由继嗣关系形成的伦理秩序，显然是一种有效的方式。这种新编族谱很明显都要有点生硬地攀附祖先作为联宗的依据，其建构起来的世系，也可能漏洞百出，但是人们很热衷于去把世系重建起来。怎么理解这种现象？我如果说是一种宗教，大家可能不同意，但我觉得它在构成中国特色共同体原理上的作用，是具有宗教的性质的，也是最有民众基础的。

在这个意义上，把这种意识和心理看成是一种宗教，也并非完全没有理由。当我们面对失去一种得以维系社会稳定、形成社会整合机制的精神基础的时候，要从中国传统文化里面去寻找可以有效发挥作用的精神资源，并且通过有效的渠道去培育这种共同的心理基础的时候，谱牒编撰也许是值得重视的一种方式。当然，我们很难评价这种方式是否具有现代意义，但至少我们要去认识它，理解它，而不是以读书人的傲慢去简单地漠视它。在这个意义上，宋明理学抱着"礼以义起"的态度去复明宗法，推动了明清以后编修谱牒逐渐成为中国社会广泛的社会现象，由此制造了中国社会以宗法血缘组织为社会共同体的理想性的基础模型的历史经验，应该在学术研究中得到更有深度的研究。这是我从谱牒去看共同体的中国经验的一点想法。

（2019 年 1 月 10 日在北京"共同体的中国经验：世系学（谱牒学）"座谈会上的发言）

◎ 宗族研究的人类学取径

从弗里德曼对林耀华先生家族研究的
评说谈起

在中国社会史研究中，宗族（或家族），恐怕是研究明清乡村时最不能绕开的话题。研究一个地方乃至一个乡村，如果不讨论到宗族问题，就常常会受到质疑。很多研究论著，或者直接就以宗族作为乡村社会研究的主题，从宗族入手展开，或者视宗族为社会基层组织最常见的形式，甚至把宗族作为社会行为的主体或基本单元。研究者对宗族问题的重视和关注，很大程度上是基于一种直接的观察与感受，人们进入（无论是亲临现场的进入还是借助阅读的进入）乡村时，最吸引目光并留下深刻印象的，是种种宗族的象征和符号——在乡村中，最引人瞩目、美轮美奂的建筑往往是宗祠家庙；村中的人群常常会以姓氏或房分来分类，尤其在不同群体发生冲突时，姓氏常常是一个重要的符号；各种节庆或人生礼仪的仪式安排，也处处可见家族群体的存在；乡村中的历史记忆最普遍的传续方式，是关于祖先和世系的叙述；乡村历史文献最常见的种类，也是家族的谱牒。虽然并非所有的地方、所有的乡村，都存在宗族或其符号象征，也有学者曾指出，在中国的很多地区，特别是北方的乡村，宗族的存在并不是普遍的现象，或者乡村中并非一定以宗族为基本社会组织形式，但研究者还是相信宗族是近世中国乡村最为普遍也最具本质性的社会组织形态。虽然以往有关宗族研究已经有很多非常深入的经典性成果，但近年来，不但以宗族为对象的研究热情没有冷却下来的迹象，而且宗族似乎越来越成为理解中国乡村社会研究的核心范畴或讨论对象。

不过，这个在社会史学者看来是受人类学影响或者颇能与人类学对话的研究议题，在以汉人社会为对象的人类学研究的学术史上，却是一个存在深刻分歧的领域。这种分歧的争议，也许不是那么刀光剑影，却隐含着人类学在中国研究的理论与方法上需要面对的一些潜在的深层问题，也牵涉到中国社会的研究可能对一般社会科学理论做出贡献的一些核心理念。这里我不可能就这个话题展开专门的讨论，只想从林耀华先生在汉人宗族社会上的研究对莫里斯·弗里德曼（Maurice Freedman）建立的宗族研究范式的影响的角度，谈一点感想。

（一）

英国人类学家弗里德曼教授在 1958 年出版的 *Lineage Organization in Southeastern China*（《中国东南的宗族组织》）一书，是当代人类学研究汉人宗族社会的经典之一。在这部经典性的著作中，弗里德曼大量引用了林耀华先生关于汉人宗族乡村研究的两种论著，一是《从人类学的观点考察中国宗族乡村》一文（载《社会学界》第九卷，1936，以下简称"义序一文"），另一是 *The Golden Wing, A Sociological Study of Chinese Familism*（London，1948）（《金翼：中国家族制度的社会学研究》）。林耀华先生这两种论著，是弗里德曼的研究所根据并在书中大量引用的主要材料之一，尤其是前一篇文章，弗里德曼特别请人翻译成英文，特别说明是"非常有用"的材料，这篇只有一万字左右的文章在他的书中有多处大段引述，实际上是他讨论汉人宗族乡村社会的一个重要出发点。但是，他对林耀华先生的两种论著有以下这段评价，他说：

林耀华关于义序宗族研究的简要概述（这里指的是《从人类学的观点考察中国宗族乡村》一文，原注："林说他关于义序的研究报告长达 15 万字，尚未发表。他的这篇文章只有大约一万字，一定是大大压缩了。"这个注在中译本中省略了。——引者按）的缺陷，主要在于他把宗族视为中国社会一个相对独立的单元，并且偏重于一种类型的组织原则——亲属关系。我在此打算以林耀华的另一部著作为基础，显示这一缺陷如何在扭曲乡村—宗族体系的图像方面是关键的。我刚才提到，在这篇论文中，林沿用了他以为是 Radcliffe-Brown 的分析方法。这篇论文写于 1936 年。数年后林转向对福建北部宗族的社会学研究，由此他提出了一套差别颇大的说法。1948 年用英文出版的《金翼》没有引用这篇用中文写的文章。书中叙述了福建北部两个"家庭"的命运，其中一个在故事中处于更核心位置的家庭属于黄村，我想这个黄村可能与义序是同一地点；即使不是，也肯定是在临近的地方，因为它们是在同一时间内被研究的。因此，两个村子或者是同一个，或者是同一类型的区域内的两个代表。我将尝试去做的，是要显示这两部作品旨趣的不同，说明了理论前提的转变对人类学的分析产生的影响。Radcliffe-Brown 的影响在《金翼》中消失了。在写作他的文章以后，林有一段时间在美国，在那里吸收了其他的理念。那篇论文的主题是结构和功能分析，而这部书的目的则是把个人和群体的命运沉浮，作为均衡原则运作的样本，均衡这个概念在理念上是幼稚的，却出人意料地被广为应用。诚然，《金翼》是一种以简洁明快的中文风格写成的小说，引人入胜，这种家庭命运沉浮的故事，附带地提供了大量令人着迷的中国生活的信息，恰恰就是从这些信息中，我们发现义序一文的分析并不恰当的迹象。①

从字面和内容上看，弗里德曼在这里对林先生论义序的文章批评是非常重的，我在 30 多年前初次读到这段话的时候，甚至觉得有点不可理解。但是，如果我们不是纠缠于这段话本身，而是把弗里德曼的书整体读下来，看看林耀华先生的研究对弗里德曼建立他的解释的影响，同时，也不要把这段评论只是理解为一种学术意见的分歧，而是从中去寻找人类学者在汉人宗族研究上走过的路径，特别是结合林耀华先生自己走过的治学之路来体会，换一个角度，我觉得这段话给我们的提示，也可以成为我们认识林先生在探索汉人宗族社会的人类学研究之路上所做贡献的一个有意义的视角。

我想先就上述引文简要地交代我的几点看法，再引出我的一点讨论。

首先，学界公认，《金翼》是林先生最重要的代表作，在林先生关于汉人家族和亲属制度的研究上，《金翼》无论是在学术的眼界，还是在研究的深度、写作的手法上，都超出了《义序的宗族研究》，在林先生的学术思想发展中，《金

———————————

① Maurice Freedman, *Lineage Organization in Southeastern China*, London, The Athlone Press, 1958, pp.37-38. 这段文字的翻译参考了刘晓春的译文，不过中译本中这段话有多处与我的理解有出入，且有些是关键性的差别。

翼》自然更能代表林先生的学术成就的高度。弗里德曼用《金翼》的素材，以在《金翼》的影响下形成的认识，来质疑义序一文的立论，也可以是顺理成章的。这种质疑并不意味着对林先生的汉人宗族和亲属关系研究的否定，事实上，我们从弗里德曼各章的讨论中，都可以看到他其实是在很大程度上接受了林耀华先生对宗族本身的论述，包括义序一文所提供的关于福建宗族的报道。

其次，林耀华先生的学位论文《义序的宗族研究》，一直没有公开出版，学界知者寥寥，甚至没有什么人真正读过这部关于中国宗族的人类学研究的拓荒之作的全貌。弗里德曼当年据以做出上述判断的，是林先生以概要的形式发表的文章。如果我们今天比较《义序的宗族研究》一书和《从人类学的观点考察中国宗族乡村》一文，虽然后者是前者的概要，但不难看出，前者中所包含的许多重要的学术见解和细致得多的观察细节，在文章中并未能反映出来。弗里德曼在没有看过研究论文原文全貌的情况下，对林先生的义序一文会产生上述的看法，也是可以理解的。我们今天能看到论文全貌，自然可以重新做出我们自己的判断，没有必要过分在弗里德曼的评论是否恰当上纠缠（其实，弗里德曼在他的上面那段话中，特别加了一个注脚，说明他也注意到林先生的研究论文原来内容要丰富得多，可见他还是保留了一点谨慎态度的）。我们应该做的是可能更应该是从弗里德曼如何以

《金翼》为主要的参考依据发展出他的论说出发，再回头看看《义序的宗族研究》如何体现出林先生在本土社会的诠释传统上嫁接当时人类学主流的功能分析方法所做的探索（我朦朦胧胧感觉到当时包括林先生在内的中国学者的这种探索对弗里德曼的宗族理论的形成有着潜在的影响，这里不展开讨论），然后在这种反思中，形成对人类学汉人宗族研究可能的取径的认识。

最后，弗里德曼不同意林文的，是把宗族视为中国乡村社会的基本单元，而不是质疑林先生的提供的宗族图像。前引弗里德曼对林耀华先生义序一文的批评，主要是认为文章把以亲属关系作为组织原则的宗族视为中国社会一个相对独立的构成部分，而《金翼》呈现出来的乡村社会生活的现实图景，却是个人或家庭的许多经济、社会活动和联系，并不是在宗族这种父系继嗣群体的组织下发生的，"在为非作歹、贸易、政治权术、婚姻安排等故事中，我们看到，扮演主要角色的，是朋友、姻亲和非父系亲属的亲戚"①。用《金翼》的素材得出的这个判断，我相信也正是林耀华先生要表达的。我们今天已经可以看到《义序的宗族研究》的全貌，只要眼光扫过目录，就可以知道林先生在写这个论文的时候，已经

---

① Maurice Freedman, *Lineage Organization in Southeastern China*, London, The Athlone Press, 1958, p.39.

具备了这样的视野，并且用了很多篇幅系统叙述了宗族以外的社会关系和社会组织。尤其值得指出的是，林先生书的脚注中，也举出了很多反映中国社会的组织原则并非只偏重于血缘亲属的事实，特别精彩。在这一点上，虽然我们不能指责弗里德曼对林先生义序一文的评价不太公平，但弗里德曼没有能够读到这篇论著的原貌，以致只能从《金翼》的文学描述上去搜寻出一些迹象，毕竟是学术史上的一种遗憾。

根据庄孔韶教授的总结，我们知道林耀华先生早年学术思路的轨迹是："传统国学考证方法的传承实践——功能论为外在、国学考证为内在的方法论适应性研究——《金翼》式的小说写作。它把本土的社会观察思路和人类学知识融化在家族兴衰的描述之中，后续的理论解说（起初并没有）仅仅是对流行理论的向心性实践。"[1] 林先生早年的学术探索，是要"一面接受新传来的功能主义调查原理，一面思考国学古老的学问方式"[2]，并努力协调起来。我今天从林先生的著作去了解他的学术贡献，需要把单篇的著作放到这一学术转变理路上去认识。在治学和写作实践时，不可能在单独一篇文章中达到这种协调，而总是会特别突出某一种取向。我

---

① 庄孔韶：《林耀华早期学术作品之思路转换》，见林耀华：《义序的宗族研究（附：拜祖）》附记，275 页，北京，生活·读书·新知三联书店，2000。
② 同上书，266 页。

相信，义序一文发表的时候，他非常刻意要呈现他新了解的功能分析方法可以如何运用，因而在一份以15万字的报告总结的研究基础上写下的概要中，特别突出了功能论色彩和表达，是没有什么奇怪的。林先生自己在本土乡村社会的生活经验，以及他早期在中国传统的学术阐释方法上的素养，足以使他实际上对中国传统社会的了解和认识，不会只局限在义序一文刻意表现的功能主义分析描画的规范模型的范围之内。

不过，今天我们重新把林耀华先生几种关于中国家族研究的作品放在一起去了解林先生关于家族研究的学术思想，主要的目的，不在于为林先生辩护，证明林先生并没有如弗里德曼从义序一文读到的那样简单化地理解中国的宗族—乡村社会。我们更需要做的，是从弗里德曼的批评以及林先生研究中国家族问题的路径，去思考研究中国宗族的人类学脉络。

（二）

现在我们可以回到弗里德曼从评说林耀华先生的家族研究出发，引申出来关于中国宗族—乡村社会的解释模式上。前面已经提到，弗里德曼对林先生义序一文的批评，很明显，他是反对把单系继嗣群体作为中国社会中相对独立的单元，并认为偏重于亲属关系的组织原则，会导致扭曲乡村—宗族体系的图景。他的这一立场，似乎被很多研究者误解了，以为他是论证了中国社会（至少在东南地区）是一个由单系继嗣群（即宗族）构成的社会。其实在弗里德曼看来，中国社会是一个非常复杂的复合体，他所观察的福建广东乡村中普遍见到的宗族，是在特定的社会经济和政治环境下的一种组织形式，其基本的性质是一种权利和权力的控制与分享机构。因此，他不是从单系继嗣群的亲属关系法则和运作机制去解释当地的社会结构，相反，他是要从当地社会生活的结构去解释宗族这种单系祭祀群形成发展并在乡村中扮演重要角色。他这一典型的功能主义立场，背离了经典人类学从亲属制度出发解释社会组织和社会结构的传统，这一点我们从后来不少人类学家对他的批评中可以看出来，这些批评一般都认为他把宗族理解为功能性的概念而摈弃了系谱性的概念。这个问题在功能学派的人类学兴起之后，曾经是人类学研究的一个重要分歧。不过，这不是在这里需要专门讨论的话题，简单澄清一下这个在中国社会史研究者中比较普遍的误解，只是为了后面把宗族研究放到人类学脉络下的思考。

如果我们接受弗里德曼的这一宗族研究的范式，那么，在中国社会研究上，我们就需要走出把作为父系单系祭祀群的宗族理解为中国乡村社会的基础性构造的观念，抛弃以系谱性法则作为理解中国社会的基本组织法则的想法。这一点，可能是中国的历史学者过分依赖族谱文献来研究中国宗族造成的。一些人类学者也难免受历史学者的"蒙蔽"。所以，我作为一个历史学者，想先做一点检讨。

在历史学研究中，大概是受人类学的影响，时下很多从事中国乡村社会史研究的学者，越来越热衷于走进乡村，在乡间搜集各种地方文献资料，大家在乡村里最常见到，也可能是最有系统记录乡村历史的文献，大概要算乡民们手中保存的家谱族谱了。由于家谱记录的宗族历史一般都能够比较连贯地呈现乡村的历史脉络，随着家谱越来越多被学者用作构建乡村历史的主要文献资源，一些学者的研究中建立的明清以来的乡村社会历史叙述，越来越多地以宗族为基本的社会单元，宗族从一个始祖繁衍到众多子孙的继嗣、整合与分化历程，俨然成为近世中国乡村变迁的基本线索。这个趋势，我们不妨称之为中国乡村社会历史叙述的宗族化倾向。在这种宗族化叙述的历史中，对宗族的理解，往往是把宗族视为一种不言而喻的血缘群体，这种血缘群体的构成是基于生育行为形成的继嗣谱系，宗族成员之间的关系，常常是由系谱关系出发确定的。研究者到一个乡村，最惯常首先提出并努力弄清的问题，往往是，村里有几个姓，各姓有哪些房，某人属哪房；村民们对这样一套语言也非常熟悉，常常用族姓和房分来说明人群的分类和彼此关系。随着有关宗族的论述在学术研究中越来越普及，久而久之，乡村社会由宗族组成，几乎成为人们理解中国乡村社会的一种固定的模式。在这样一种认知模式下，某姓某族，常常成为乡村历史中的一种最基本的行为和权利主体，同一祖先的子孙组成的血缘群体，常常被理解为乡村社会中毋庸置疑的天生的基本社会组织。

这样一种似乎越来越固定化的乡村历史认识的形成，自然是大量传世并源源不断被学者们从乡村中搜获的家族谱的叙事方式制造的社会图景，直接印入人们的脑中，不过在深层次上，则是由近代以来关于中国社会进化的固有理解主导的认识。中国的学界自从接受用近代社会科学的眼光去认识社会，就认定中国社会为一个宗法社会。严复译英国甄克思的《社会通诠》，把 patriarchal society 译为"宗法社会"，将此列为社会进化（严复所谓"民群演进"）之第二阶段，并认定中国社会"固宗法之社会，而渐入于军国者，综而核之，宗法居其七，而军国居其三"①。虽然严复当时还有点审慎地说他只是"姑存此说于此"②，是否得当还有待后人商榷，但后来学界深受他的译述影响，越来越认可这种说法。此后一百年来，尽管"宗法社会"的意涵在不同研究者笔下异说纷纭，但显然一直是在严复翻译《社会通诠》时把人类社会中的"父权""血统""世系""部族""亲族"等意义糅

---

① ［英］甄克思：《社会通诠》，严复译述，19 页，上海，商务印书馆，1913。
② 同上书。

合到从古代国家制度借用过来的"宗法"概念下展开的。在"宗法社会"的范畴下，"宗亲""宗族""家族"一类的范畴，都可以简单定义为同一祖先下的子孙组成的人群，其中的成员资格、权利分配、权力结构，均由其男系血缘关系来界定，成为组成社会的基本单位，而这种"宗法社会"的组成及其运作机制，也就俨然成为中国社会研究的永恒主题。

虽然"宗法社会"的标签如此牢固地贴在中国社会之上，但前辈学者自己置身于这个社会之中，他们对当时的社会现状有亲身的体验和理解；同时，他们对古代中国的宗法制度也有相当深入的认识，直接的生活经验让他们没有困难地明白，近世中国的社会制度与古代的"宗法制度"并不是一回事。关于这一点，林耀华先生非常明确地指出："宗族与宗法不同，不可混为一谈"，"宗族二字含义，既与宗法不同，乃自成另外一种东西"。[①] 这种认识，在民国时代的学者中，似乎是一种共识。早在晚清，严复在给中国社会贴上"宗法社会"标签的同时，也清楚区分了先秦与秦以后社会的不同，讲到秦以后的社会，只是用"俨然宗法"的说法而已，并以三七分的表达方式来形容其不是真正的宗法社会。更值得注意的是，梁启超在《中国文化史》中，用了一章来叙述中国

---

① 林耀华：《义序的宗族研究（附：拜祖）》，71、73 页，北京，生活·读书·新知三联书店，2000。

的宗法制度和家庭制度，但并没有将他在自己家乡所见的与宗族相关的建制系于其中，而是系于"乡治"一章。吕思勉在早年撰写的《中国宗族制度小史》中，开篇即明确指出世人以为"集人而成家，集家而成国，集国而成天下"是"无征不信之言"。[①] 他认为，在古代中国，"宗法盖仅贵族有之。以贵族食于人，可以聚族而居；平民食人，必逐田亩散处。贵族治人，其抟结不容涣散；平民治于人，无所谓抟结也。……其位愈尊，所追愈远，即可见平民于统系不甚了了。于统系不甚了了，自无所谓宗法矣"[②]。吕先生在这本小书中，用了很多篇幅从多个方面讨论了宗法制度不可能在后世社会延续的缘由，指出"所谓宗与族者，遂有其名而亡其实也"[③]。从吕思勉先生的讨论中，我们可以明白宗族并非中国社会的基本构造，更不是几千年来一直延续着的社会组织。宋明理学家们在大力提倡复明宗法的时候的很多讨论也清楚揭示了这个事实。

然而，宗族的观念的确在近世中国是一种普遍的存在，作为一种普遍化的社会事实，许多乡村也都修建了作为宗族象征的祠堂，尤其在东南各省，宗族祠堂几乎遍见于所有的乡村，家谱族谱更是近世中国最为普及的一种乡村文献。即

① 吕思勉：《中国宗族制度小史》，3 页，北京，知识产权出版社，2018。
② 同上书，22~23 页。
③ 同上书，25 页。

使在一些乡村中不存在实体性的宗族组织，也不一定有家庙祠堂一类宗族的象征和建置，人们还是普遍相信宗族是一种不言而喻的群体形式。这样一种事实，使得宗族成为今天学者研究中国乡村社会时无可回避的一个主题，而宗族以血缘继嗣的系谱作为表达现实的群体关系及其秩序的话语，也令很多研究者相信宗族就是一种以血缘和继嗣为基础自然形成的实体性群体组织，从而将由生育行为衍生出来的继嗣关系作为社会组织的本质化结构，宗族被理解为一种先在的无须证明的社会存在，并由此引出了种种关于中国社会的基于血缘和亲情关系的伦理道德取向的解读。

宗法社会的幻象化和宗族语言的本体化，看似是两个相互矛盾的方向，却只不过是同一历史过程的两个面相。这一个事实可以放在宋明以后中国社会历史变迁背景下，从宋明理学家的理论建构和社会实践来解释，并在此基础上认识近世中国社会变迁的基本脉络。宋明理学家把传统中国的亲属制度和祖先崇拜转换为古代宗法制的话语，通过声称于祖先祭祀中寓立宗之意，实际是将敬宗转换为尊祖，把宗法制度的原则置换为亲属制度下的祖先祭祀规则，从而不仅合理化了古代宗法制转换为近世宗族制的理论逻辑，更开启了将宗法制由贵族社会的制度扩大、延伸为庶民社会的制度的门径。基于这样一种转换，近世中国社会中的宗族，实际上并不是古代宗法制度的延续，而是以祖先崇拜与祭祀维系的父系亲属继嗣系统。祖先崇拜的观念以及在此基础上形成的祖先祭祀礼仪，如何能够在不断分化的近世社会中，构成一套社会整合的语言，制造出宗族社会这样一种现实，是摆在中国社会历史的研究者面前的一大课题。弗里德曼半个世纪前关于中国东南地区宗族的研究，已经奠定了这一研究的分析视角和理论基础，而科大卫（David Faure）在珠江三角洲的研究，更细致地呈现了宋明理学的这套语言如何在地方社会的政治经济变迁中运用，并且在地方历史的场景下被再创造的历史过程，建立了一个关于中国近世宗族社会的解释模型。

通行的看法是把中国人的社会视为一个宗族宗法社会，弗里德曼曾经根据林耀华先生等报道的资料，敏锐地指出华南地区宗族的历史并不能前溯到当地汉人社会的历史起点，由此质疑把宗族视为汉人社会的本质化制度的习见，在此前提下引出一个从社会科学出发的问题，就是宗族如何在特定的社会机制下建构并成为汉人社会的一种政治制度。他说："问题是我们在当代所认识的宗族的体系为何不能在概念上追溯到与该地区汉人定居的同一历史深度……我们将考察的是书写的族谱对于宗族的发展和结构的意义，并构成宗族发展及其结构的宪章。"[1]黄挺教授在最近出版的《十六世纪

---

[1]　Maurice Freedman, *Lineage Organization in Southeastern China*, London, The Athlone Press, 1958, pp.7-8.

以来潮汕的宗族与社会》这本书中，讨论潮汕地区 16 世纪宗族文化建构的若干家族历史，很好地回应了弗里德曼提出的问题。本书开头举出的唐宋时期潮州地区开始有宗族活动的三个故事清楚显示当时的潮州社会并不是一个宗族的社会。虽然是故事主人公的后代在宗族建构时运用的一种历史资源，但在这些故事发生的唐宋时期，这些故事的主角还不是"宗族"，他们把财产施予佛教寺院，通过佛寺供养来控制财产，运用的并不是宗族的语言，恰恰显示出这个时代潮州还没以宗族方式去组织和控制财产。南宋刘少集的《家谱引》，形式上看是一份世系，但其实只是一个远代祖先世系追源与个体家庭的亲属关系的记录，最多只是后世宗族谱牒的滥觞，与明清时期常见那种以宗族语言编撰的谱系明显不同。在这里，我们真正看到宗族的语言被运用为社会整合的方式，是明代中期以后的历史，西林孙氏就是一个可以帮助我们了解宗族语言如何在明代形成和运用的绝佳例子。从许多宗族的故事中，我们可以清楚地看到当地人在明代中期如何通过书写祖先历史（包括定居故事）的记忆，设立祖先祭祀，结合乡约建设，建立起一套宗族的语言以及实体性的宗族组织。

如果我们接受弗里德曼把族谱看成是宗族的宪章的说法，那么，在宗族社会建构的过程中，对祖先及其后嗣的历史追述和书写，就构成了宗族语言的核心结构。我们在今天要通过族谱文献来解读历史，最关键的一着，就是要从族谱中读懂这种作为宗族宪章的历史书写。近年来，在乡土历史的编撰和社会史的研究中，族谱是被大家利用最多的史料，最常见的方法，是把族谱中以世系和个人传记方式书写的宗族历史叙述，改为用叙事的方式书写，基本上只是复述族谱中表达的历史。有些研究者也会质疑族谱记述的历史，但这种质疑大多都纠缠在族谱讲述的历史"真实"与否的层面上，实际上还是同样是把族谱视为一种史书。其实，族谱本质上并不是一种史书，或者说，族谱编撰的真正出发点，不是记录历史，而是通过叙述历史的方式去规范并表达编撰时当下的关系。弗里德曼说过："社会人类学家通常视谱系为表达当下的个人与群体间的关系的一种陈述，而这种陈述使用了一套只以处理旧事为目的的语言。在没有书写的社会中，现实关系的结构与（口述）系谱表达过去所引出的关系结构之间无甚差别，现在的情况变了，过去也会随之改变。然而，中国是一个运用文字书写的社会，识字和书写将过去凝固起来，使之较难受现在的影响。"[①] 这种用文字书写的族谱，一方面使讲述"过去"成为一种看似凝固从而具有真实性的"历史"，另一方面也让每次重新书写的编撰者有在历史中改变或加入新的内容的需要。于是，历史研究者也许比人类

---

① Maurice Freedman, *Lineage Organization in Southeastern China*, London, The Athlone Press, 1958, p.69.

学家更有兴趣探究的，是那种通过书写记录凝固化历史的过程，我们把族谱作为一种史料来运用的时候，不应只是从被族谱凝固化的历史出发，更应该把握由一系列的编撰者的"现在"所构成的历史。用这种方法去利用族谱资料研究宗族历史，才可以摆脱在族谱叙事真实与否问题上的纠缠，从族谱叙事中发现历史。

科大卫多年前已经指出，明清时期地方宗族发展是一种文化的创制，因此，研究一个地方的宗族历史，立意就不能只局限在宗族作为血缘群体的亲属法则及其伦理道德基础上，也不应该以为这种以血缘关系维系和包装起来的组织就是这个社会的核心结构。明清时期在地方社会普及的宗族，不仅不可能是古代宗法社会的延续，也不会直接就是宋明理学家设计的社会蓝图和重建的宗法伦理由上而下贯彻的结果，而是作为一种社会权利和政治权力的表达手段，在地方历史动态过程中展开的社会组织形式。因此，宗族研究不应该只是一种以家族伦理和血缘亲情维系的社会关系的宣扬和解说，而应该着眼于地方社会经济变迁和政治文化结构演变的过程。明清时期宗族的发展，是在各个地方形形色色的社会变迁过程中展开的，也因应着本地的社会经济关系和政治权力关系格局的改变而呈现不同的形态和演变过程。从宗族入手的地域社会研究，不是要由血缘继嗣的法则去演绎地方历史，而是要从地方社会历史去解释宗族发展的事实。

（三）

我有点跑题地从历史学的角度做了这样一番反省之后，还是应该回到人类学的视域去讨论。

我在第一节的讨论看似努力要针对弗里德曼对林耀华先生义序一文的批评，为林耀华先生做辩护，但我的用意，其实是要以此呈现人类学中国宗族研究的一种"困境"：面对一个文字传统深深渗入民间日常生活，各种政治经济社会关系高度复杂化，人们生活中非亲属关系往往优先于亲属或系谱关系，国家体系和市场体系在社会结构上具有更强的主导性的社会，人类学传统的理论和研究方法要处理的一个基本问题，就是如何把系谱性的血缘继嗣概念和功能性的团体组织概念调和起来。在中国学术传统熏陶下成长起来的学者，可能更容易从功能性的概念去解释社会，而人类学的传统则不会放弃以血缘婚姻关系的系谱性概念认识社会的思路。从传统中国学术研究方法出发的林耀华先生，当他进入人类学领域同时又深受功能分析方法诱惑的时候，很自然将目光聚焦在亲属关系，把他在自己的生活经验中很熟悉的宗族作为社会结构的基本分析单位，而作为继嗣群体的宗族的系谱性就成为其功能性解释的前提。因此，弗里德曼读到他的义序一文和《金翼》以及其他学者关于中国乡村宗族的报道时，从这些报道呈现的事实中，了解到中国社会构成的原理是功能性法则凌驾于系谱性法则之上，因而对林先生的义序一文把系谱性群体视为社会结构中的独立单元的解释表达了质疑，但他在功能性解释的同时，仍然是以作为继嗣群体的宗族为研究的对象。在这里，问题出在了中国宗族的性质，究竟是一种系谱性的团体还是功能性的团体，无论是在林耀华先生和弗里德曼教授的讨论中，还是在他们之后，都一直是困扰研究汉人宗族的人类学者的核心问题。

我上一节的讨论，显示在历史学者中，一直是不需要面对这个问题，或者根本就没有意识到处理这个问题是有意义的，大多数历史学者在以族谱来解说宗族的历史时，理所当然地把族谱呈现的系谱性事实作为功能性解释的内容。但是，对于以功能分析方法研究中国宗族的人类学者，中国宗族的功能性和系谱性概念的差别是需要深究的问题。弗里德曼关于汉人宗族的解释范式是最典型的以功能性因素来定义亲属或继嗣团体的，在这一点上，实际上是走出了人类学的亲属研究传统，走近了历史学（不过主要是受人类学影响的新史学，旧史学根本不涉及这些议题）。他的研究更多受到历史学者的青睐，而在人类学者中则引来很多批评，恐怕与他远离人类学亲属研究传统的倾向不无关系。

在这里，我们面对的前提是，汉人社会的宗族，在性质上究竟是一种基于系谱法则的亲属组织，还是一种基于功能法则的社会组织。虽然事实上，这两者在大多数情况下是很难分离开来的，两种法则总是交织在一起，但研究者的分析，总是需要自己弄清楚（其实大多数研究者是模糊的）以何种法则来定义自己的研究对象的问题。弗里德曼用了一种很技术性的方式来表达这种关系，就是把汉人宗族分为 A 到 Z 两个极端，由最具单系继嗣群性质到最强功能团体，这样就为分析性的研究提供了可能掌握的假设前提。了解到这一点，我们就可以很确信，关于汉人宗族的研究，既需要坚持人类学亲属研究的传统，尤其是继嗣群的系谱性法则是不应该放弃的，丢弃了这个传统，就失去了人类学的本质；但在人类学研究的视野越来越扩展到非亲属制度、非继嗣群体领域的时代，研究者更广泛地重视功能性因素和法则，如何把亲属体系的系谱性因素同功能性因素结合起来分析，从林耀华先生到弗里德曼以及很多学者，都一直是这样努力的，这也是汉人社会宗族研究的一个主题。如果说功能分析方法曾经推动人类学产生了巨大的变革，那么我们从汉人宗族研究的发展中，也看到了另一个值得重视的问题，这就是，当我们从各个相关学科引入了各种方法去处理大量的功能性因素如何影响着人类学生活形貌和文化逻辑的转变的时候，人类学的看家本领亲属制度研究也必然要因应着不断深化，随着对亲属关系及系谱法则的多样性和变异性有更多的了解，我们自然也要将功能性法则对亲属制度下系谱法则的影响纳入视野。

　　在我个人的研究经验中，汉人社会的宗族，的确是功能性的本质强于系谱性的本质，因此，如果就宗族研究本身来说，我比较接受从弗里德曼的范式发展出来的分析，尤其是如弗里德曼已经清楚意识到的，这种分析取向必然通向历史的解释，这对于我们从事社会史的学者是特别能够启发出很多新问题的。但是，汉人宗族毕竟在构成上使用的是一套亲属关系的系谱性话语，而其构造的基础，又一定不可以同家庭、房、家族、婚姻、生育等系谱性因素分割开来，宗族的很多运作机制和原则，在很多方面都是这些亲属制度的衍生和变态。因此，宗族研究要能够深入下去，特别是要从中发展出能够对一般社会方法建构做出贡献的理论，一定不可以离开亲属关系和系谱法则的研究。不过，这种研究不可以只从本身的性质其实不是亲属团体的宗族本身去深入，更多应该深入家庭、房、家族这些亲属团体去探求。再者，如果我们相信汉人宗族的功能性因素的强大作用，其实对汉人亲属制度产生了广泛深入的影响，那么我们要认识这个发生了几百年的历史过程，也需要从不同民族与文化的亲属制度中去获得认识。

（2016 年 8 月 16 日在西昌"林耀华学术思想及凉山彝族社会发展研讨会"上的发言）

◎ 珠江口水上人的历史人类学

今天的珠江三角洲，在古代是西江、北江、东江三条大江入海口环抱着的一个海湾，这个海湾上大大小小的岛屿星罗棋布，构成了一个形态复杂、生态空间一直处在变动中的水陆相错的世界。在历史上，这个河口海湾上的岛民或水上人，一直被认为是当地的土著居民，而居住在许多后来形成的乡村聚落中的居民，一般都被认为是外来的移民，由此形成了在人类学研究中被标签为"汉人"和"疍家"的族群区分。

在历史文献记载和当代人类学田野调查中，"疍民"总是作为一个文化或者族群的范畴出现，与那些自称来自中原的"汉人"之间有严格的区分。雍正皇帝在1729年发出的一道上谕中说："粤东地方，四民之外，另有一种，名曰疍户，即瑶蛮之类。"① 明朝黄佐在《广东通志》中也写道："蛋户者，以舟楫为宅，捕鱼为业或编篷濒水而居，谓之水栏，见水色则知有龙，故又曰龙户，齐民则目为蛋家。晋时广州南岸，周旋六十余里，不宾服者五万余户，皆蛮蛋杂居。自唐以来计丁输课于官，洪武初编户，立里长，属河泊所，岁收渔课。然同姓婚配，无冠履礼，貌愚蠢，不谙文字，不自记年岁，此其异也。"② 根据这个描述，被标签为"蛋"的人群被认为具有如下特点：（1）不宾服，即不在国家管制之下；（2）以舟楫为宅，或编篷濒水为居；（3）捕鱼为业，捕鱼装载以供食；（4）无冠履礼，貌愚蠢；（5）不谙文字，不自记年岁。简言之，这一人群不属帝国管辖，居住形态空间是在船上，或者是在水边搭一个简陋小屋；生计方面一则靠捕鱼，二则靠装载，即运输。直到今天，真正的还在船上的水上人，大部分还都在跑运输。这其中的第四点和第五点说他们不穿鞋，貌似比较愚蠢，也不懂得文字，连自己多少岁也不会记得，这是从文化角度对这一族群进行的一种普遍描述。这段描述蛋家特点的话经常被后世各种地方文献、近代蛋户研究者（如罗香林、陈序经等）所引用。清代屈大均的《广东新语》则直接将其称为"非人类"。稍早时期，明

---

①　《钦定大清会典事例》卷三十三，30 页，文渊阁《四库全书》本。
②　（明）黄佐：《广东通志》卷六十八《杂蛮》，48 页，明刻本。

朝于慎行编纂的《谷山笔麈》卷十八《夷考》中也提到了这一称呼："今广东有蜑贼，不知其名义。考《南史》：沈攸之奏有'扑灭蛮蜑'之语。毛晃曰：'蜑，南海夷种也。'蜑有三种：渔蜑取鱼，蚝蜑取蚝，木蜑伐山取木。又二广间山谷不隶州县者谓之瑶人，舟居者谓之蜑人，岛居者谓之黎人。以此知瑶、蜑之名所从来久矣。"① 这里提到的"蜑"确实是指南方水上人，但也包括伐山取木的山上人。而事实上，明朝就已经明确，没有编入国家版籍者为疍。正如《广东通志》所说，这种疍汉区分从晋朝就已经出现，但晋文献中并没有使用"蛋"或"疍"的字眼来定义这些人。《晋书·陶璜传》中有载："广州南岸，周旋六千余里，不宾属者乃五万余户。"② 也就是说，从晋朝到明清的时代转变中，广州南岸的单纯的"不宾属者"变成了《广东通志》中的"不宾服"的"蛮蛋"（"六千余里"也变成了"六十余里"）。因为"不宾服"，所以可以引用《晋书》中的"不宾属者"那句话，并"创造性"地给这些人贴上"疍"的标签。《广东通志》中特别提到"齐民则目为蛋家"，即特别点明是"齐民"把他们叫作"蛋"。"齐民"就是我们叫作汉民的人，

① （明）于慎行：《谷山笔麈》卷十八《夷考》，见（明）王錤、（明）于慎行著，张德信、吕景琳点校：《寓圃杂记 谷山笔麈》，216页，北京，中华书局，1984。
② （唐）房玄龄等：《晋书》卷五十七《列传第二十七·陶璜》，1560页，北京，中华书局，1974。

是帝国的齐民，是在帝国里面有编户身份的人，这也就意味着，这一群水上人其实是被帝国编户的齐民视为"疍家"的。所以，这一汉疍之分首先是当地人的一种分类。

那么明清时期给水上人贴上的"蛮疍"标签是历史上一直就有的种群的延续，还是明清时期因应当时的本地社会状况而人为形成的文化符号呢？由于历史文献中确实有上述性质的记载，因此历史学研究者也大多赞同这一观点，许多中国民俗学家与人类学家受到历史文献和历史学者——如罗香林和陈序经——的研究的影响，也都毫不犹豫地假设珠江三角洲上的汉人与疍家是在种族、职业、文化、宗教、习俗甚至语言上应该有本质差异的两个族群，直至今天这一观点仍主导着人们对珠江三角洲社会的理解。这一观点如下所示：

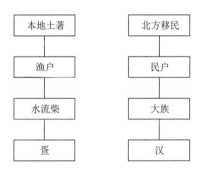

根据这种认识，汉人与疍民各有各的历史，分别由越人土著和汉人移民单线延续下来，是在人种学中可以严格区分

开来的两个族群。虽然人们不会否认两个族群中的个体可以通过种种社会或文化行为互相变换身份，但这两条线代表的是单线不交叉的两段历史，无论国家、文化与历史的影响如何渗入其中，都不会改变这个图示所表达的模式。

但是，不少历史资料以及历史学者的研究，加上今天仍然能够观察到的经验事实表明，在珠江三角洲，人口的构成和职业的区分并不是僵化的，汉人与疍家之间的文化身份也一直处于变化和转换过程中。过去很多世纪以来，不少水上居民变成了从事农耕的农民，反之亦然，许多农民也在一定历史条件下转化为水上人。这种转换不仅仅是个体的现象，我尝试着提出如下这种族群的历史构成模式：

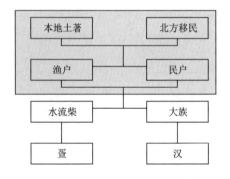

在这一模式下，我们可以将汉疍标签的形成分为两个部分。上一部分是在王朝体系的脉络下形成的分类。珠江口的人群，有本地土著，也有外来移民，王朝的扩张把这些人纳人王朝统治之下,并在户籍编制上划分了渔户与民户的区别。但在地方社会的历史发展中,这两种人群的界线不是一成不变,如前一幅图显示的那样一脉相承,并延续至今日的汉疍分类。我们的研究证明,今天我们在珠江三角洲看到的汉疍区分,是在明清社会特定的文化过程中划分出来的。在这个区域的人群,一部分人在王朝扩张过程成为王朝的编户,在文化上形成正统性的身份,控制了土地资源,并形成大的社区聚落,成为被认为是祖先来自汉人地区的大族;另一部分人被排斥出大族聚居的社区,不明祖先来历,没有户籍身份,租佃他人土地,被称为水流柴 [1]。这种社会与文化身份的区分,往往使用人种学意义上的族群分类——汉人与疍人——去标识。

陈序经的研究一方面强调"疍家"是过去的历史人群的种族延续,另一方面也承认这种族群的变动性。但是,他提到的"变动"更多强调的是疍变为汉的疍民汉化过程,而忽视了汉人变疍民的可能性和实在性。

在珠江三角洲开发加快的明清时期,被称为"疍民"的人们通过开发沙田,创造或利用种种文化上的手段改变自己的文化身份,这种转变的事实及其实现的文化机制已经为大

---

[1]　洪水来的时候,会看到一些烂木头漂在水上,水上人会把它们捡回来做柴火用,这些木头没有来历,但是可以用。"水流柴"即由此得名。

家所熟知。然而，我们的研究兴趣并不主要是这种族群认同与身份标签转换的历史本身，而是这种族群区分的结构过程及身份认同的历史性。我们研究的着眼点在于，"汉"或"疍"的标签是在怎样的文化过程中形成，并在人们的观念里凝固起来的？本来模糊的社会界线如何制造了僵化的身份特征，并进而把不同的群体清楚地区分开来，最终设定为这些僵化的社会身份的原旨？另一方面，被排斥的群体又用怎样的文化手段绕过障碍去改变自己的身份？王朝或国家制度的运作为他们提供了怎样一种讨价还价的空间？沙田生态环境的历史如何为本地的居民提供改变自己身份的环境？

中国的历史学著作一再强化一种观念，这种观念认为，南部边疆地区开发的历史，是以中原向南方移民的方式实现的。北方的移民带来"先进"的生产方式和"先进"的文化，通过移民开发的历史过程向南方疆域渗透，通过人口迁移从政治中心扩散出来实现"王化"。对于这样一种观念，人类学者显然比历史学者更敏感。人类学者会更着重分析本地人如何运用文化策略把自己与真实的或想象的"中心"联系起来，经过一个提升自己社会地位的过程，最终取得一个被认为是主流文化的标记，并且各就各位地去确认自己的身份。人类学者的这一视角，可以启发历史学者反省：在历史著作中一再被强化的观念，很可能只是本地人利用教化的语言而采取的文化策略，有关移民的历史叙述，应该是被研究的对象，而不是研究所得的结论。

从这些问题出发，我们认为，明清王朝及其在地方上推行教化的议程，是使其社会位置合理化并强化其权威的重要因素。如果说，"汉人"的认同可以通过证明自己的中原血统、建立地域性宗族、合法地占有土地、通过科举获取功名来建立的话，那么这个过程就是地方权势以及王朝权威运作互动的结果。历史学家习惯用汉化模式去说明汉民族形成和帝国形成的过程，在这个模式下，朝廷积极和有目的地通过教化或军事征服从中央向周边扩张。我们如果尝试摆脱这一模式的框框，提出另一个视角，就不妨把帝国视为一个文化的观念，教化的过程不是自上而下强令推行的，而是本地人在地方社会中自下而上地利用国家的语言提升自己的地位的过程，并由此创造了扎根于本地的文化结构。

从珠江三角洲的历史来看，土著与汉人的界限在汉唐到元明之间因开发而变得十分模糊。虽然很难详细了解其具体的汉化过程而需求助于严格的学术推论，但是显而易见的是，它一定是随着珠江三角洲岛屿周边冲积成陆、大的社区聚落的形成、文教的推广而形成的。在漫长历史过程中，本地土著在语言、习俗、生计模式上与汉人社会已经并无太大区别。不过，因为彼时珠江三角洲的水上空间依然很大，所以很多土著仍在水上生活。但在明代以后，随着珠江三角洲的逐渐成陆以及珠江三角洲的开发与发展，汉人与土著的族群分类非但没有模糊，反而随着明朝以后本地社会的历史发展而更加清晰与僵化。

明初时，王朝曾把本地水上人大量收编进入军队，从事珠江三角洲的屯垦。例如，《广东通志》记载：

> 洪武二十四年夏五月，指挥同知花茂收集民兵……（花茂）至是升都指挥同知，因上言：广州地方若东莞、香山等县逋逃蛋户，附居海岛，遇官军则称捕鱼，遇番贼则同为寇，不时出没，劫掠人民，殊难管辖，请徙其人为兵，庶革前患。[①]

在汉化模式下，可以认为这是水上人大量汉化的一种有效途径。但事实上，一方面，并不是所有的水上居民都被编户，在珠江口还有很多水上居民在船上生存；另一方面，还有很多已经被收编入明朝（编户）的水上居民后来再次脱离明朝的统治，回归水上，他们中间许多人后来参与了黄萧养发动的起义，组织庞大的水军与明朝作战。明朝政府在军事失利的情况下，采取了各种分化的手段来重新恢复秩序。明朝政府派出军队，到珠江三角洲各地搜查，军队来到一个村落，以当地人是否认同明王朝作为区别对待的标准。这种做

[①] （明）黄佐：《广东通志》卷七《事纪五·本朝》，134 页，广东省地方史志办公室誊印，1997。

法首先确立了以对王朝正统性的认同来区分人群的标准。这样一种社会区分的范式，在后来的历史中不断被强调和利用。珠江三角洲的成陆过程不断加快，出现了很多新的土地。对于这些土地，需要确定其产权和耕种的劳动力。而在明朝制度下，这是通过是否有明朝户籍来确定的。所以起义被镇压后，确定为明朝编户齐民身份的人，即有户籍的人就可能得到政府承认的土地所有权，而没有户籍的人，由于水上空间变小，只好越来越依赖租佃这些农田维持生计。然而，对农耕生计方式的采纳并不意味着族群身份的改变，因为没有户籍，他们只能向拥有土地所有权的人租佃土地。这样一种佃农、无国家户籍民众、水上居民的历史记忆制造出来的混合身份，导致"疍民"成为一种僵化的族群标记。

然而，在珠江三角洲开发过程中，作为生存状态来说，疍民上岸居住，是一个不会停止的过程。那么，水上人上岸后又发生了怎样的变化呢？处于流动散居状态的疍民并不形成大家族，他们对祖先的记忆一般不会超过三代。如果他们以"水流柴"的身份租佃大族的土地，只有权在租佃土地的基围上搭建临时的茅寮居住，遇有变故，随时可能重新回到船上，他们的疍民身份就不会改变。但如果上岸后，建了房子比较稳定地居住下来，其亲属关系就会随之发生变化。如果在这种基础上，他们能够通过种种文化上、经济上、政治上的途径，改变自己的身份，那么他们就会以建祠堂、编族谱、崇拜神明、参与或举行乡村仪式等方式，建立汉人形态的社会。因此这个过程不只是一个生态或生活方式的改变，在水上空间减少、农田增加，很多水上居民转变为村民、渔户转变为农户的过程中，他们会通过引入正统化的礼仪、引入仪式专家（喃呒佬）、建立标准化神明的庙宇，直至建立宗族，从而创造出本地特色的仪式传统。于是所谓"疍""汉"区别出现，两者之间出现了明显的文化分界。

由这个角度来看，族群标签的制造，是一个复杂的历史过程的结果。在这个过程中，疍和汉的身份区分是用有书写权利的士大夫与宗族的语言去表达的，是标签为"汉"且自以为"汉"的人所书写的，而疍民则无法书写自我的历史和身份，由此形成了具体化的范畴去定义并区分本地的人群。换句话说，某些声音在历史文献中得以凸显，某些声音则消失得无影无踪，从而形成了我们今天对疍汉区分的认识。很多学者认为，这是国家权力的渗透所造成的结果，但是实际上，来自政治中心的直接行政影响可以是微不足道和支离破碎的，更值得关注的是，行政的议程如何同地方社会的历史在某些时候互相配合，形成具有永恒意义的身份特征。在这个定义身份的政治议程背后，有一个关于"国家建造"的更为宏观的分析课题。即国家势力向地方渗透，本地人用自己的办法与国家权力、正统意识形态联系起来，地方利益、解决本地问题的议程使得国家影响变得"严重"和有意义。如果"国家建造"的过程包含着本地人如何用自己的办法去将自己同主流社会联系起来的含义，是本地人用自己的智慧解决本地资源和利益分配问题而建立起来的历史认知和族群标签，那么我们与其将珠江口的水上世界视为一个承受国家制度扩张的开放空间，不如更多地关注地方上的人们是如何运用他们的创意和能量来建立自己的"历史"认知的。这样一种思路和眼光，对历史学固有研究框架带来了一定的冲击。

移民、开发、教化和文化传播的历史，不仅仅是文明扩张的历史，更被理解为基于本地社会的动力去建立国家秩序的表述语言。过去假设在汉化过程之前已经存在，并且由于汉化而得以逐渐改变的疍家与汉人之间的种种定义和标签，实质上只是在特定的历史过程中形成的身份认同，而构成这种文化的"历史"实际上不过是这种文化过程的一种创造。国家的介入是事实，但这个事实不足以说明全部真相。所以，我们应该做到两个超越：第一，超越疍民这一族群是古代族群的简单延续的认知；第二，超越疍民汉化的单一模式，也承认汉人向疍民的转化过程。不仅如此，更重要的是应该明白，我们现在使用的这套汉夷区分模式是在历史过程中一再被创造的结果，是本地人在新的历史环境下，根据本地社会背景的变化，在本地资源、利益、政治的基础上，借用国家的政治制度的资源制造出来的本地的秩序，这就是"国家创造"。从这样一种视角来看，珠江口上的"疍民"，就不是一个简单的古老族群的延续，而是在明清时期当地独特的社会经济结构在文化上的创造。人们在创造了这种文化符号的同时，也创造了一种构成这种文化的"历史"。

（2013年春在台湾政治大学民族学系的演讲）

◎ 清水江文书的学术价值

　　首先要感谢凯里学院给我这么一个机会到这边来学习。说来学习绝不是谦虚，虽然我们一直以来非常有兴趣关注清水江文书的研究，也包括整个黔东南的研究，但是我自己从来没有真正做过，不要说专门的研究，就是比较仔细地、有系统地了解这个地方都是很肤浅的。我跟张应强是同事，老是想着，我不懂可以去问他，所以自己就没有去好好学习。今天有机会到这里来，首先可以看到很多非常好的研究成果，听到很多很精彩的发言，特别是刚才郑振满教授、张新民教授的发言，让我学到了很多东西。我是来学习的，所以说不出太多，也绝对不会是更精彩，只能是一个学习者的浅薄的体会。

　　我们今天来是参加《黎平文书》的出版发行仪式的，应该先表示祝贺。我们知道，这些年来陆陆续续出版的几套大规模的清水江文书，都在学术界产生了非常大的影响，引起了大家高度的重视。我们非常欣喜地看到，十几年来，清水江文书不管是搜集、整理，还是出版，都是成绩显著的，跟大家刚才提到的其他文书出版，无论是民间文献，还是地方档案，还是地方文书出版相比，我觉得清水江文书出版的效率是最高的，质量也是非常好的。尤其是在这个基础之上进行的研究，以我自己的感觉看来，可能也是在各地的地方文献研究中规模最可观的。清水江的研究，即以清水江文书作为基础开展的黔东南地区的历史文化研究，在学术视野、问题意识、覆盖的学科、引起的多学科关注等方面，都是成绩最为显著的。在这个场合可能敢大胆一些说，我觉得比徽州的研究还要做得好。

徽州研究做了超过半个世纪了，清水江文书从开始关注到现在也有半个世纪，但清水江文书的研究是最近十多年才真正开展的，而徽州文书的比较专门的研究超过了半个世纪。就所涉及的课题、所关注到的领域，甚至在某些领域的研究深度上，我认为清水江文书的研究都超过了徽州文书的研究。特别是多学科研究方面，清水江文书研究尤其引人注目。这种状况，是特别引起我们的学习兴趣的原因。

中山大学最近这些年在学校图书馆的主持下，也搜集了较大数量的徽州文书，就现在所知，是徽州文书最多的收藏单位。据图书馆说，现存徽州文书中，中山大学藏的差不多有一半。我们现在不要说研究，还只是积极地做"财产登记"而已。按过去的进度，还要很久很久才能登记完，更不要说研究了。所以我们下一步要考虑的，除了把这个整理进程推进得快一点，更重要的是在整理出版方面、研究开展方面，都要加快步伐。在这一方面，清水江文书给我们做了非常好一个榜样，令我们看到这种地方文书的搜集、整理和研究，在学术发展里面是一个非常有前景的领域。

刚才提到，我觉得最令我们瞩目的是清水江文书研究的多学科的视野，不仅在史学，而且在人类学、社会学、生态学、法学、经济学、语言学等学科领域，已经出来了一批成果。我自己是做历史学研究的，对我们历史学者来说，清水江文书的不同学科研究都是有启发的。最近这几十年来，史学的发展，是要面对怎么样改变我们的历史观念、拓展我们的历史视野，需要从不同学科的这些研究里，发展出历史研究的新问题和更广阔的历史视野，建立起新的历史解释。我们一方面要从不同学科研究里面得到启发，另一方面也要从这里出发去做历史思考。为了我们能够从不同学科吸取更多的智慧，我想乘这个机会，对其他学科提一点期望，希望文书研究可以有更明显的历史取向，希望能在历史的解释、历史的视角上有更进一步的发展。因为到目前为止，我们拿到文书，直接看着文书的文本，结合人类学的田野经验，可以从很多领域、很多范畴、很多概念、很多课题把问题提出来。但是作为历史学者，我更关注的是，无论哪个学科的研究，都有助于重建一种新的历史叙述，提出新的历史解释，可以对我们重新书写、重新理解中国历史有推动作用。这个方面做好了，是我们这些地方文献、民间文书的研究能够呈现出来的学术价值所在。

比方说，我们以前理解中国历史，都有一个中华民族大家庭的观念，对很多民族的认识，一直以来都会延续我们史书上面的一些说法。这些说法其实很多是传说，或者神话。要认识中华民族大家庭，过去大多是从有共同的祖先说起，即所谓炎黄子孙。最近几十年人们对这种说法提出质疑，这是完全有道理的，因为这本来就只是一种建构，是建立民族认同的一种传说、一种信念而已。用这种说法来建构民族认同是可以理解的，但是把它变成一个历史，当然是有很大问题。但我们认识到这一点，是远远不够，因为更重要的是，我们仍然要解释，我们怎么有一个中华民族大家庭？

要解答这样的一个历史关注，就不能只靠传统的文献，我们必须落实到一个真正的、实实在在的过程中，就是郑振满刚才说的"接地气"。我们需要实实在在地从不同地方发生的历史过程中来解释。今年（2018 年）大家有一个比较热门的话题，"中国"怎么样制造出来？这个"中国"是一个历史的过程。要理解这个过程，需要通过这些新的、民间的、接地气的材料，从普通人的日常生活里面去找到答案。每个地方的人们怎么样处理他们之间的各种经济关系、社会关系，处理他们生活上的各种问题，怎么样跟政府打交道，都是需要从实际生活中形成的材料中去认识的，甚至是通过一些符号性的东西，去建立起文化认同，改变文化样貌和生活方式等。这些都需要很多清水江文书这种资料的搜集和研究。这些在实际生活中产生和使用的材料，完全可以为解答过去的史学研究方法不能够解决的问题提供一种出路。这样就可以为理解作为一个历史过程的"中国"，提供一种地方性的、自下而上的一个视角。

在这样的一个想法下面，清水江文书可以在很多方面提供一些有帮助的事实。例如，最近经济史研究出现了一个比较值得注意的动向，这个新动向也许不是来自经济史，而是来自经济学。中国的改革开放到今年是40年，到了最近这几年，人们越来越意识到，传统的古典经济学的这套逻辑，在中国碰到了很大的问题。不但是经济学界，其他学科都遇到了差不多的问题。例如，我们以张应强做的木材市场来说，古典经济学最基本的一个逻辑，就是我们市场的发展是基于分工和交换，但是中国市场的发展从很早开始就非常发达，这个市场的发达，不是基于分工和交换。基于分工和交换的市场发展的前提是什么呢？是私有化，我们面对私有制这个概念，到了山林，就是一个非常复杂的状况。明清时期山林产品的大规模市场流通，尤其是长距离贸易的发展，不是古典经济学能够解释的。在中国经济史上，食货这种传统呈现出来的经济运作原理，尤其是长距离贸易的一套运作机制，需要从汉代以来的均输体系来理解。但是，清水江木材贸易，其实不在这个体系里面，所以从食货体系的运作也解释不了。因为食货体制下的长距离贸易体系，真正的基础，是"禁榷制度"。在清水江也可以看到与这个制度类似的一种影响，这就是"当江"的制度。但是总体来说，清水江木材贸易跟那个传统的长距离贸易，如以盐为最核心的商品流通不太一样。所以，清水江文书在经济史上可以给我们带来一些不一样的解释。这个不完全是一个地区性的问题，它同时其实也是清代以后我们整个市场的变化产生出来的。我们讨论传统市场的发展，常常是从商品经济发展，或者是一个全球化的国际贸易的影响来看。但是清水江的市场发展演变有不一样的脉络。因此我很期待通过清水江文书的研究，能够有一些新的议题发展出来。这是我想到的一个问题。

再一个问题，就是张新民教授提到的清代三千里苗疆进入版图这个问题。我觉得这个确实是一个非常非常重要的问题。我们要面对统一的多民族集权国家的形成，清朝是非常关键的，苗疆又是具有非常典型的意义的领域。我们一直主张从地方的历史去认识国家历史，清水江流域就是一个非常好的范例。刚才郑振满教授谈到了台湾的问题，台湾也是清朝时期纳入版图的，现存也有很多文书。其实徽州文书也是可以带出这个问题的，因为徽州文书把宋到明的过程多少呈现出来了。但是它毕竟数量还是少。其实，徽州从宋代起发生的事情，跟苗疆在清代发生的事情，在一个国家的历史架构下，从历史地位的角度有可以相类比的地方。不同地方不同时代的文书，是在不同的王朝制度下，经历不同的历史阶段，这样一种比较使得我们可以把地方类型也拉到一个历史过程的角度，重构一个中国历史的过程来认识。如果我们再把别的地方也纳入进来，如郑振满提的福建，还有我研究的广东，还有西南——云南、贵州、四川是三种不同的进入国家体系的历史节奏，有不同的历史背景，背后那套制度性的机制跟文化整合的机制也是不一样的——在这种比较的视野里面，来对刚才张新民教授提到的清代苗疆进入版图这样的历史，做一种更加具有宏观视野的考察，通过比较来建立起一种解释，对我们重新书写中国历史将具有非常非常重大的意义。

还有一个话题是郑振满教授提到的文字问题。我注意到摆在我们面前的《原生态民族文化学刊》上面，有一位凯里学院的老师写的综述讲到了语言学的问题。这个话题本来我想讲，刚才郑老师提到了，我还是想再多讲一句。我想到这个话题，是因为之前李斌给了我一些文书的样本，让我初步了解到，除了刚才郑老师谈到的之外，还有一个是我自己比较有兴趣的问题，就是原来非汉人地区、非汉语地区是怎样变成一个汉语地区的。我在广东做研究时多年来也一直在想这个问题。广东跟这里一样，原来有本地的土著语言。我想福建也一样，土著语言应该不是汉语。但是，我们现在都把闽南话、莆田话、粤语归为汉语的一种方言。这背后隐藏的一些事实，对我们理解中国历史很重要。从语言和文字的变化去解释中国历史，我们缺了什么呢？我们从清水江文书看到，刚才我看那位老师写的综述也提到，就是从地名、从一些专门的计量词等去了解，广东话也是这样。但是我觉得这个还是不够，因为我们真正了解民间怎么样用这些语言，尤其用汉字书写的时候，还要探究这些语言怎么进入到汉字文献。从语言演变、文字怎么样影响语言入手，考察语言文字演变怎么样跟文化变迁结合起来，再放到本地怎么样整合到中国版图这样一个过程，都是清水江文书可能能够提供的信息。我很期待能够看到这方面的研究，现在已经有了一些很好的研究成果，这些研究能够作为一个未来深入展开的研究的起点的话，放在一个更宏观的历史视野下，我相信能够有更好的成果可以期待。好了，我已经讲得太多了，就此打住！

（2018年1月20日在凯里学院"《贵州清水江文书·黎平文书》首发仪式暨学术研讨会"上的发言）

环顾周埏

◎ 超越江南一隅："江南核心性"与全球史视野

（一）

　　明清社会经济史的研究者，都免不了有一种江南情结，因为从入门伊始，皆或从读江南的研究论著开始，或从读江南的历史文献开始。20世纪七八十年代，明清社会经济史研究的中心议题，是资本主义萌芽问题，而资本主义萌芽研究大多以江南市镇经济发展为主要内容。明清社会经济史的史料，也以江南的笔记小说和乡镇志、地方志为主；碑刻契约文书，也主要是江南的。总而言之，我们接触的明清社会经济的史实，十有八九都是江南的。明清士大夫的江南描写把我们带进江南的历史时空，我们从这些书本文字走进的历史现场，感受到的文化气氛、生活情景、人情风物，在脑子里形成了一种江南图像，把空间上的江南和时间上的明清叠合在一起，表达同一种意境。

上述状况或可称之为明清社会经济史研究的江南中心观。20 世纪七八十年代，从江南社会经济史研究形成的认识和解释，往往理所当然地成为全国性的历史叙述的主体内容，江南社会经济史几乎直接等同于明清社会经济史。80 年代以后，随着社会经济史区域研究的发展，明清社会经济史的学者开始反省这种江南中心的模式，逐渐走出明清社会经济史研究囿于江南一隅的限制。这个转变的发生是从江南以外的区域研究开始的。当然，学界对江南以外区域社会经济的研究并不是从这个时候才开始，自 20 世纪 30 年代开始，中国社会经济史研究就不乏对江南以外的地方社会经济问题的研究。但是，这些研究大多只局限于个别问题的讨论，还谈不上对整个区域做独立的整体性研究，研究的广度和深度也远不能与江南相匹，更没有改变以江南为主体认识明清社会经济史基本状况的框架。

对明清时期江南以外的区域社会经济史独立展开整体性研究的一个重要转折，可以追溯到 20 世纪 80 年代初。当时的全国哲学社会科学"六五"规划把中国经济史列为一个重点项目，在这个项目内，除了由中国社科院历史所、经济所等机构合作承担断代研究外，还由南京大学、厦门大学和中山大学承担区域研究，分别以江南、闽台和广东为重点展开。由于傅衣凌先生早已在中国社会经济史区域研究领域奠定了很好的基础，在他的带领和影响下，我们在研究过程中把当时同台湾、香港等学者合作开展的区域社会研究项目也结合起来，福建和广东两个区域研究很快走出传统的江南研究范式，在区域社会经济史研究开辟了新的空间，形成可以同江南研究相区别又相互促进的区域研究范式。在这个过程中，我们这些从学习江南社会经济史入门，由阅读江南历史文献启蒙的人，逐渐离开了江南，更多聚焦在江南以外的地区。当然，我们仍然一直关注着研究江南的学者的工作，获益良多。1987年，在傅衣凌教授主持下，我们在深圳举办了一次"国际清代区域社会经济史暨全国第四届清史学术讨论会"，这个会议在区域社会经济史研究发展中具有承前启后的意义。此后，不同区域社会经济史研究纷纷展开，逐渐成为中国社会经济史研究的一种风气。20多年来，江南以外的区域社会经济史研究取得了可观的成绩。

在这样一种情势下，江南研究虽在明清社会经济史研究领域仍是蔚然大观，龙头地位并没有改变，但明清社会经济史已经走出以江南社会经济史为主体的格局，变得更为多元。江南以外的不同区域的历史大大丰富了我们对明清社会经济状况的了解，人们也更多关注到地域差异与发展不平衡，甚至从不同地域的研究中发展出许多新的议题，基本的问题意识也开始超越了过去主要从江南出发的视野。

（二）

随着研究视野的扩展，新的问题也出现了。一方面是所谓"细碎化"问题。研究者更多着力于细节，着力于零碎材料的发掘，这对于真切了解社会经济活动与制度运作，是非常有必要的，也只有把细节都弄清楚了，才能发现时空差异之间的多样性和特殊性，这是社会经济史研究值得大力做的。但与此同时，随着原来的理论假设、问题意识和解释架构不能容纳或解释大量新的事实和现象，过去的整体性理论关怀也悄然淡出，许多细碎的研究就渐渐失去了方向和意义。另一方面，随着不同区域研究的展开，地方性差异和区域特色越来越清晰呈现出来之时，对明清社会经济发展的总体把握的方向却开始模糊起来，免不了存在各说各话的状况。如何把地域研究拓展出来的视野转化为全局性历史的整体认识，仍有待努力。在这个局面下，江南研究也渐由原来的中心位置变成众多研究区域中的一个，甚至呈现地方史化的倾向。作为学术研究理路的宏观转变和长期发展中的阶段性问题，这些情况是完全正常的，也是无可避免的。但是，如果我们对这种状况及其倾向性没有足够自觉，努力走出细碎化和地方化的帐幕，从区域研究中走出的新进展就有渐渐迷失方向的危险，其学术价值也会大打折扣。因此，当明清社会经济史研究的视野超越江南一隅，在不同的区域发展出不同的研究视角，提出不同的问题，揭出更多细节，形成不同解释以后，我们需要面对的问题也就应该浮现出来。

我直接想到的至少有以下几点：第一，不同区域之间的社会经济状况和发展逻辑的多元性，如何可能整合成为一个更大的社会经济体系。第二，在这样一个整合的社会经济体系中，江南的区域角色和整体地位应该如何去理解。第三，在这个意义上，如何拓展江南研究的广度和深度。我以为可从两个角度去思考：一是重新思考在明清社会经济史（甚至也在一般的明清史）中研究的江南核心性问题；二是进一步推进全球史视野下的江南社会经济史研究，将江南研究提升到新的层次。这两个角度看起来是不同的问题，但实质上是结合在一起的。简单地说，我们不能把江南的历史看成是地方性的局部事实，也不能把全球史只作为一个宏观大背景来处理，而要在全球史的脉络下认识江南历史，把江南历史纳入全球史中。

这里所谓"明清社会经济史研究的江南核心性"，是指在明清社会经济结构的整体性思考中，怎样把江南放在一个核心性的位置，认识江南在明清社会经济史体系中的主导角色。这是我多年来从事明清社会经济史教学时常常在思考的问题。这一想法主要受到三个有关中国历史与区域性发展关系的论述的影响：一是冀朝鼎先生提出的"基本经济区"的概念；二是陈寅恪先生论述唐代制度渊源时提出的唐代财政制度的"江南地方化"和"河西地方化"的概念；三是施坚雅以区域发展的周期解释中国历史的结构的理论。

施坚雅关于区域发展周期与中国历史结构的论述，牵涉的问题比较复杂，这里不打算在他讨论的那个层面上展开，只是从他的论述的一个基本理论前提——"历史分析不可能离开区域分析"——引出一点思考。施坚雅从区域周期分析中国历史结构的方法，指出了整体的中国历史是把区域之间的差异整合起来而不是抹杀区域差异，他认为，"中国历史的整体性不可能通过对区域差异做一般性概括，或通过算出不同区域体系的平均值来达致。相反，一部文明史的整体，有赖于对其各个组成部分特色鲜明而在一定条件下相互关联的历史的把握与调适"①。

这样一种方法论的主张，在比他更早的中国学者的研究中其实已经有所体现。80多年前，冀朝鼎先生就提出过"基本经济区"概念，着重强调中国经济的局部性和地区性，通过"基本经济区"的概念解释中国的统一和中央集权问题。冀朝鼎先生认为，中国历史上根据地形和经济因素，组成了

---

① G.William Skinner, "Presidential Address: The Structure of Chinese History", *Journal of Asian Studies*, 1985（2）.

不同的地理区划，在不同的历史时期，总有这样一种经济区，"其农业生产条件与运输设施，对于提供贡纳谷物来说，比其他地区要优越得多，以致不管是哪一集团，只要控制了这一地区，它就有可能征服与统一全中国。这样的一种地区，就是我们所要说的'基本经济区'"①。这个"基本经济区"的概念，可以说是施坚雅主张的从区域差异来理解整体方法的一个典型范例。不过，只是从向统一的王朝国家提供财政资源的角度来认识区域与整体历史的关系，显然还是不够的。陈寅恪先生关于唐代中央财政制度的江南地方化和河西地方化的见解，为从地域经济差异出发认识国家制度的整合提供了更进一步的解释。陈寅恪先生指出，"唐代之新财政制度，初视之似为当时政府一二人所特创，实则本为南朝之旧制"。南朝虽为北朝所并灭，其遗制仍保存于地方之一隅，"承继北朝系统之中央政府遂取用此旧日南朝旧制之保存于江南地方者而施行之"。他称此为"唐代制度之江南地方化者"。同时，唐代承继宇文泰关中本位之政策，"西北一隅历代为边防要地，其地方传统之财政经济制度经长久之演进，颇能适合国防要地之环境"，"则此河湟地方传统有效之制度实有扩大推广而改为中央政府制度之需要，此即前所谓唐代制

---

① 冀朝鼎：《中国历史上的基本经济区与水利事业的发展》，朱诗鳌译，10页，北京，中国社会科学出版社，1981。

度之河西地方化也"。[①]

冀朝鼎和陈寅恪先生的上述论述是在大半个世纪以前提
出的，数十年过去了，尤其是经历了最近二三十年的研究，
我们对中国历史上区域经济的多样性和差异性的了解已经大
大丰富和深入了，对于不同区域的社会经济发展状况的具体
认识更前进了一大步。但是，循着前辈学者的方式，提出一
种基于区域差异来说明历史发展的整体性解释，似乎还没有
同步的进展。在区域研究的基础上，摆脱如施坚雅所说那种
只是通过"对区域差异做一般性概括，或通过算出不同区域
体系的平均值"的简单方式，探索在区域研究的基础上重新
认识和解释中国历史的路径，是区域研究需要努力的方向，
只有从整体历史解释的角度去开展区域研究，区域研究的价
值才不至于迷失。

（三）

我所谓"明清社会经济史研究的江南核心性"的思考，
袭用上述三位学者的论述逻辑，从区域差异及其在整体历史
中的角色出发，既从王朝国家的制度和历史的整体结构中的

---

①　《陈寅恪文集之四·隋唐制度渊源略论稿》，145~146 页，上海，上海古
籍出版社，1982。

区域因素着眼，同时也强调核心区域在王朝国家的整体性历史发展中的主导角色。在前一方面，我以为，与唐代制度的江南地方化同理，明清王朝的制度也存在江南地方化的事实。这里所谓"江南地方化"，包括至少三层含义：一是在江南局部形成的地方性制度，为全国性制度提供一个基础性的来源；二是王朝国家制度的基本架构，主要是适应以江南地区为中心的社会经济系统来搭建；三是王朝制度的改变，在很大程度上是在江南社会经济变动的主导下发生的。要论证这些想法，需要从不同的角度进行多方面专门的深入研究，我这里谈的只是根据个人读史经验产生的一种假设性的想法，主要从明代财政制度中引出，举一些财政赋役制度方面的情况为例说明。

众所周知，黄册里甲制度是朱元璋建立的明王朝统治的核心制度之一，是明朝国家财政体制的基础。这一套制度虽然是汉唐以来的乡里保甲制度的延续，但日本学者很早已经指出，其制度设计的直接来源，很可能是早在元代江南地区就已存在的小黄册制度。而且，尽管黄册里甲制度后来在全国范围推行，这套制度设计的严密安排和运作方式，在明代初年显然主要在江南以及附近的东南地区适用，其他地区施行时难免要做较多变通。与黄册互为经纬的鱼鳞图册的编制，根据何炳棣先生的考证，在洪武年间派国子监生核定编制鱼鳞图册只限于浙西江南地区。由此可见，作为明王朝国家管治最重要规制的黄册与鱼鳞图册制度，主要是以江南地区为基础建立起来的。同时，在明代初年国家财政运作机制与社会权力结构中发挥着关键性作用的粮长制度，也主要在江南地区普遍实行，按照归有光的说法，是"惟江南田赋最重，所以特设粮长"[①]。粮长的设立及其演变，不仅对明清时期江南社会的构成具有重要的意义，也是明代以后江南社会分化和权力关系重构的新起点，后来江南的大族士大夫和富户的兴起，与明初的粮长制度关系密切，粮长制度影响着明清时期的地方社会秩序的形成。而粮长在国家财政体系中的角色转变，还引出后来漕运系统以及其他赋税征收解运环节变化，对明清两代的财政体制均有复杂的影响。另外，终明一代对江南社会经济影响深远的官田问题，也对全国性的历史进程有直接的影响，明代很多对全国产生影响的社会经济政策，往往是由处理江南官田赋重问题直接或间接引出来的。

如果说这些明初体制的形成，主要是由于朱元璋以江南为中心区域建立明朝国家，那么随着明成祖将京师设到北京，北方地区在明朝国家政治与经济体系中的角色和影响必然会加强。尽管我们从建文帝和永乐皇帝的政治取向和政策之间的比较也许可以看出有南北差异的背景，但是，就明朝国家

---

① （明）归有光：《惠川先生别集》卷九《长兴县编审告示》，9页，《四部丛刊》本。

的整体政治运作与制度变化而言，更多的恰恰是在江南与华北的社会、政治与经济的互动中体现出来。一个简单的例子是，作为国库制度形成重要契机的金花银和太仓银库的出现，就是由这种南北互动中产生的需求及相关机制直接促成。

最能够体现所谓"江南核心性"的历史转变，不能不提到"一条鞭法"改革，这不仅是一次财政改革，更是明清国家与社会转型的一大枢纽。在明代中期开始的"一条鞭法"改革，与明代以前历代王朝财政改革不同，是一个自下而上、由局部到全国、由地方到中央的改革过程，这个过程经历了至少三百年的发展。前文虽然指出作为明朝赋役制度基础的黄册里甲制度是基于江南社会的情况建立起来的，但明朝的赋役征派本身，则延续着元朝以来配户当差的原则。这种配户当差的方式，与明代初年的社会状况或是相适应的，但过了不久，随着江南以至整个南方地区的社会经济变化，就与社会现实越来越不相适应，并出现很多矛盾。这种不适应的情况如何发展，还需要进一步研究。不过，仅仅从表面现象可以看到，前面提及的官田重赋、粮长解运、里甲轮役等制度，都随着人口流动、社会分化和市场发达的趋势，同配户当差的制度不相容甚至相冲突。为了应付这些不协调产生出来的统治危机，江南地区的官员在不直接挑战明朝祖宗之制的前提下，采取了很多变通的改革措施。从宣德年间开始的平米法，到正统以后的均徭法，再到正德、嘉靖以后的征一法、均平法，一步一步朝着后来称之为"一条鞭法"的方向发展。当然，这个过程不仅仅是从江南地区开始的，很多办法的施行在南方其他各省同时出现，甚至可能更早出现，甚至可能实行得更彻底。但是，在这个过程中，对全国性的制度变革产生根本性影响，动摇原有的国家体制的，主要是在江南地区发生的一系列改革。其中特别是以周忱、顾鼎臣、王仪、欧阳铎、庞尚鹏等人为代表推动，并经由许多地方官员积极在苏州、松江、湖州等江南各府实施的改革，具有决定性的范式意义。类似的改革当时在南方各省也先后发生，但只有在国家财富重地的江南地区的改革，才能够真正触动中央财政体制，令这个过程成为不可逆转的国家制度变革。

以上所列种种例子，并非意味着要回到过去的套路，以江南论全国。事实上，处理江南地方管治问题形成的制度并不会直接复制为中央的制度，也不可能直接套用到其他地区。明清时期国家制度的改变，不仅是由包含江南地区在内的各个不同区域的管治的做法集合而成，更多的是在一个整体性的国家和社会经济结构中，从不同区域之间的联系和互动机制中形成和改变。既然整体的国家历史以及王朝制度是基于不同区域之间的相互关联以及调适来形成，我们就不可能只由一个区域引出整体解释。因此，所谓"江南核心性"的概念，不但不是要将江南以外的地区摈弃在我们的视野之外，恰恰相反，而是要把各个不同区域同时纳入视野，这个概念才有解释力。我相信，正是由于江南的这种核心性，江南研究才一定不能够脱离其他区域，变成一种纯属地方历史的研究。

江南之所以在明清时期的政治历史与制度构成中具有某种意义的核心性，用冀朝鼎先生的"基本经济区"概念和陈寅恪先生的"江南地方化"解释来看，当然首先是由于唐代以后江南成为中国经济最为发达的地区，是国家财政资源的主要供给地。但随着区域研究的扩展和深化，以及现代历史学区域研究的整体史和全球史取向的发展，我们有可能从更加宏观的整体历史观去认识，走出地方史的局限。在宏观的历史视野下，明清王朝国家的历史，是由相当多重的不同区域的历史节奏合成的。在我们已经有比较多了解的历史图景中，中南部的山区、西南的山地、东北、西北、东南沿海，乃至东北亚和东南亚，从内地到边疆到海外，持续的过程或突发的事件，交织形成明清时期宏大的历史。要认识和展现这部历史，当然不能满足于只从财赋供应这个角度去理解"江南核心性"的问题。即使从王朝财赋重地的角度切入，也需要解释这样一个基于自然条件优势和经济发展水平的角色，如何在宏观历史情境变动中发挥作用，成为整体历史的一部分。

（四）

　　讨论到这里，我想需要回到社会经济史研究的基本议题上，即明清时期是否形成全国市场以及这个市场的空间结构问题，如果一个统一的全国市场已经形成，那么这个市场的中心所在区域当然就是经济核心区了。李伯重教授论述 19 世纪初期全国性市场空间结构时，引证施坚雅、范毅军以及其他多位社会经济史学者的研究，明确指出在 19 世纪初已经形成具有一定规模和整合程度的全国市场，江南作为中国经济核心区，苏州是这个市场的中心。[①] 这样一种基于全国市场发展形成的经济空间格局，是过去若干个世纪以来经历的经济成长的结果，而这个经济成长除了由于江南的自然资源、市场交通条件以及江南地区内部的动力之外，我们前面讨论的在王朝体系中江南地区的核心性以及由此产生的动力也是非常重要的。不过，当我们的目光转到由市场机制产生的动力时，就不能不引向全球史的视野。

　　说到全球史视野，人们自然马上会将目光投到 16 世纪以后大航海开启的世界贸易体系的历史。在相当长的一段时期内，人们相信 19 世纪中期以前的中国是一个停滞的、封

---

① 李伯重：《十九世纪初期中国全国市场：规模与空间结构》，载《浙江学刊》，2010（4）。

闭的国家，隔离于世界体系的历史之外。一个封闭的中国与逐渐一体化的世界经济体系之间，只是通过被限制的对外贸易发生联系，而对外贸易的历史，常常只聚焦在广东、福建以及其他一些口岸。近年来许多研究越来越揭示出，16世纪以后世界体系扩张的历史其实对明清时期的中国经济与社会发展有深远的影响，我们从16—19世纪中国经济的成长去理解全国市场的形成，那么这种经济成长在多大程度上是世界性的市场体系的运转推动，目前还难以做出判断，故我们需要换一种眼光，通过更多的分析性研究去探讨。不过，有几个广为熟知的事实，可以提供一些思考的切入点。首先是弗兰克（Andre Gunder Frank）和多位经济史学者已经论证过的白银的世界性流动问题，既然在16世纪以后的几个世纪中，新大陆和日本的白银在世界市场流通，最终有相当大的比重流入中国，这个事实对中国经济成长的影响就绝对不容小觑。

大量的白银进入中国之后的流通，以市场经济为主要对象的经济史视角，当然首先会从生产、交换、流通、分配加上贮藏的方面去分析其流通模式及其经济影响。中国进入世界市场（尤其是欧美市场）的商品，以丝、茶、瓷为大宗，其中丝的主要产地在江南，茶和瓷的主要产地在江南周边的市场区，转口港则主要在广东、福建的口岸。这样的格局如果只是从进出口贸易的角度看，似乎难以支持江南作为市场的中心。但是，如果将由世界市场流通的格局与国内市场的流通格局结合起来，尤其是把进出口贸易与国内贸易放到一个统一的市场体系去分析，江南作为全国市场的中心地位，就可以同世界贸易体系的运作联系起来。更重要的是，明清时期国内经济体系基本还是在贡赋经济体系主导之下的，当我们进一步把明清时期王朝贡赋体系的运转纳入整体分析的架构中，不难看出白银进入中国之后，大量是被王朝贡赋经济体系的运转吸纳，或者成为其流通的终点，或者以贡赋经济运转机制为货币流通的调控中心。也许可以这样推测，在白银的流通网络上，进入江南地区的白银无论在贵金属数量上还是在货币流通规模上，都可能远远多于该地区向世界市场输出的产品。这不仅是因为江南市场经济发达，更基于江南向王朝国家提供的财政资源的规模。

还需要做进一步研究的，是在江南向国家提供的财政资源中，其实大量并不是白银货币，而是漕粮、棉布等实物，不过这些实物输纳背后，又是以市场运作和货币流通实现的，财政的实物输纳，恰恰是拉动江南经济市场化的动力，强化了江南市场对白银货币的吸纳力。江南地区的富户商人在全国性的市场和贡赋经济体系中的角色，也是促进江南成为白银货币流通中心的因素。清代以后粮食市场、木材市场的规模迅速发展，亦都与江南经济的一系列变化密切相关，强化了江南在货币流通网络上的中心地位。前文提出的在王朝财政赋税体系中江南的核心性，特别是"一条鞭法"引起的历史性转型，应该放到这样一个格局中去分析，要从这个角度去分析，一定要把江南区域历史的研究拉入全球史的视野。

我想特别强调的是，这样一种全球史视野，不能只限于对不同区域之间的交互比较，也不只是以全球史曾经盛行的"中心—边缘"论述，把江南经济理解为世界经济发展的一种回响，简单地把江南经济社会发展置于世界经济体系的运作中解释，而更需要把江南在传统王朝体系中的位置角色结合起来，从连接王朝贡赋经济体系与世界贸易体系的机制上分析国际市场与白银流通的影响，在王朝国家的财赋重心与全国市场中心的视点上形成明清经济发展的全球史视野。

全球史追求整体的宏观视野，而现代史学的区域研究是在这种视野下展开的，这一视野重视从区域间的互动去解释整体历史，所以，现代学术趋势下的区域研究实际上是全球史发展中的一种重要取向，江南区域的研究也不例外。因此，我们可以展望今后的江南研究，一定要走出地方历史碎片化的危险，在整体性的历史视野中，发掘出更多地方性局部的细碎历史事实，才能赋予这些地方性事实以超越地方的意义，拓展整体性历史认识的空间。

（2015年11月15日在苏州科技学院"全球史视野下的江南文化与社会变迁国际学术研讨会"上的发言）

◎ 寻找亚洲的广州视角

（一）

感谢罗馆长和广州美术馆邀请我参加这个会，我也同孙歌一样，到这个会有点惶恐，因为我对美术，尤其是现代艺术，一窍不通。我是做历史研究的，只能讲一点历史的观念，可能不一定会对艺术展览有帮助。不过既然来了，还是讲一些自己的看法，这些看法如果对筹办这个展览没有任何帮助的话，就很抱歉浪费了大家时间。

我想谈的话题是广州和亚洲，之所以想谈这个话题，是因为这个亚洲双年展要在广州举办，既然在广州举办，我想就从广州的视角出发来谈我对亚洲历史的一些理解。

刚才听了前面两位教授的发言，我感觉我们的话题有很多地方可能有些重叠，一些基本的看法也大致相同。我想就从孙歌教授一开始说的那句话切入，孙歌教授一开始就说，亚洲不是一个单数。如果亚洲不是单数的话，在亚洲视野下的广州当然也就不是一个单数的概念。

我们想借助地图来讨论。所谓"亚洲"，在地图上首先呈现的是一个地理的空间范围，我们先看这幅没有任何人文标记的地图，在这个地理空间上，至少有两个不同的范畴，一个是我们最熟悉的这块大陆，"亚洲"首先是这块很大的大陆的名称；不过，我们也可以换一种眼光，把亚洲看成这片海洋连接着的空间，包括成千上万的岛屿，并把不同的大陆连接起来，这是一个海洋亚洲的概念。如果我们从广州和亚洲的关系来看，更重要的可能不是大陆亚洲，而是海洋亚洲。所以，从这幅没有人文活动痕迹的地图上，已经可以看到两个亚洲，一个是海域亚洲，一个是陆地亚洲。

但亚洲当然更是一个人文的概念，所以，我们要再看看亚洲的政区地图，在这个政区地图上，亚洲分成一个一个的民族国家。刚才罗教授谈到"二战"以后的世界格局，在这个地图上的民族国家版图，很多都是在"二战"以后形成的。今天在亚洲看到的各种冲突、各种矛盾，表层看，大多是这些民族国家之间的冲突。但是，这些冲突背后不只是民族国家的问题，深层次来说还是不同世界体系之间的冲突，如果回到亚洲视角的话，也可以说是不同的亚洲冲突。

我们现在看到的是一个在物理空间的陆地和海洋之上，加上政治、人文的活动形成的民族国家版图，在这个基础上我们来谈亚洲问题，不过，只是这两个图层叠合出来的，还不足以表达复数亚洲的观念。

回到历史视角，在这个版图上的亚洲，其实还是不同的"舞台"，这个"舞台"上演过多场宏大的历史剧，而不同的历史剧演出的舞台也是不同的。这些舞台，我们今天都可以叫亚洲，但在历史上不见得是亚洲的范畴。我把历史简单化之后，从广州出发的亚洲观念其实是有不同的圈的。跟广州有直接关系的舞台首先是环南中国海的这个圈，这个圈是以人的活动形成的"舞台"，讲广州和亚洲关系的出发点要从这个圈开始；第二个圈是中华帝国体系的这个圈，这个对中国人来说，在广州的视野下讲亚洲，有一些根深蒂固的成见，后面我还要讲这个圈子对我们的影响；第三个圈是佛教传播范围的这个圈；第四个圈是伊斯兰教传播形成的这个圈；第五个圈是由资本主义扩张形成的现代世界体系。

如果我们要理解广州和亚洲的话，我们要分清楚你讲到广州和亚洲的关系是在哪个圈里（或者是哪个范畴下面）讲。在这个视野下，不管是哪个圈我们都可以把广州放到一个具有核心性的位置上，当然也可以放到非常边缘性的位置，因为广州在这个圈中都是边缘。但如果我们要在广州讲亚洲概念，我们可以采取一种广州核心性的角度，再看这些圈子，可能会引出一些独特的思考。

我想先谈谈中华帝国体系的这个圈，我这里说的中华帝国其实不是一个很准确的概念，更准确地说，这个圈应该是传统王朝时期的"天下"概念。中国的王朝时期的"天下"，在很长时间里，其实不是整个地球的范围，"天下"这个圈跟我们今天讲的"亚洲"在地理上空间上几乎是一致的。如果把亚洲看作是地理的概念，在中国的历史视角下就是"天下"，而不是"亚洲"。

我们来看看明朝时期的一段材料。《明史》中有这样一段记载：

洪武元年躬祀汴梁诸神，仍遣官祭境内山川。二年，以天下山川祔祭岳渎坛。帝又以安南、高丽皆臣附，其国内山川，宜与中国同祭。谕中书及礼官考之。安南之山二十一，其江六，其水六。高丽之山三，其水四。命著祀典，设位以祭。三年，遣使往安南、高丽、占城，祀其国山川。帝斋戒，亲为祝文。仍遣官颁革正山川神号诏于安南、占城、高丽。六年，琉球诸国已朝贡，祀其国山川。八年，礼部尚书牛谅书："京都既罢祭天下山川，其外国山川，亦非天子所当亲祀。"中书及礼臣请附祭各省，从之。广西附祭安南、占城、真腊、暹罗、锁里，广东附祭三佛齐、爪哇，福建附祭日本、琉球、渤泥，辽东附祭高丽，陕西附祭甘肃、朵甘、乌斯藏，京城不复祭。[①]

　　这段材料表达了明王朝的"天下"观念。在明朝皇帝看来，这个天下是我的，我要通过祭祀来确定我天下的范围。开始时是天子亲自主祭，后来虽然天子不亲自祭祀了，但仍然要由各个省来祭，这个"天下"当然不包括美洲，那时候还不知道美洲存在，也不包括欧洲。我认为这个"天下"大致上就是中国人对现在叫作"亚洲"的这个世界的认知。这个历史久远的"天下"观念，对今天中国的"亚洲"概念仍然有着根深蒂固的影响。今天中国人对亚洲的想象，我认为仍然是在这样一个观念主导下的。这不是一个空间的观念，而是政治格局的观念，今天很多中国人理解和看待中国与别的民族国家冲突的眼光和想法，背后都有这个观念的影子。

　　在这个"天下"的格局下，从交通的角度说，是以中国为中心通往四夷的通道的观念，在唐代，按《新唐书·地理志》的记载，从中国通往四夷的通道有七条，这七条通往四夷的通道连接的大致上就是今天叫作亚洲的地域空间。七条道中很重要的一条是"广州通海夷道"，这条广州通海夷道，就

---

① （清）张廷玉：《明史》卷四十九《礼志三·岳镇海渎山川》，1285 页，北京，中华书局，1974。

174

是通过海洋跟亚洲南部的广泛海域与陆地联系起来的路线。我们可以从这些通往四夷的通道，了解以中国为中心的"天下"观念的空间形态。

除了中华帝国的"天下"体系外，还有由佛教和伊斯兰教传播划出的"亚洲"空间范畴。佛教传播有陆海两路，陆路跟广州关系不大，我不展开讲。海路从印度洋进入南海海域周边地区，在环南中国海人群活动的圈中传播，并由此影响广州，广州由此成为佛教世界中一个具有核心地位的地方。大家都知道光孝寺，后来在东亚地区最有影响的禅宗南宗的六祖慧能就是在这个地方削发的，禅宗南宗从这里传播到整个东亚地区，构成东亚的佛教文化圈。

在伊斯兰教与阿拉伯帝国的扩展中，广州在历史上也曾经扮演了重要的角色，广州是伊斯兰教到东亚地区传播的重要据点，今天的广州还有一个清真先贤古墓，就是穆罕默德派往东方传教人的坟墓，是伊斯兰教在东亚传播的圣地之一。在8—10世纪的时候，广州城里的主要居民是阿拉伯人和波斯人，在唐朝的时候广州曾经被大食国、波斯国攻下，当时唐朝的官员逃跑了。宋朝广州城一大半都是阿拉伯人和波斯人住的地方，在阿拉伯文化圈里，广州是东亚地区的一个据点。

16世纪以后，在欧洲中心形成的世界体系下的亚洲概念，刚才两位教授都谈很多了，我不展开说。在这个世界体系中，"亚洲"在欧洲话语里更多的应该是东方的概念，刚才罗教授讲的马克思的三句话,最后东方同属于西方的东方,它是东方的亚洲。

简单说,所谓"亚洲",在不同的世界体系或世界观念中,有不同的意义。在中华帝国体系下,就是"天下";在佛教和伊斯兰教体系下可以就是这两大宗教世界的本身,佛教和伊斯兰教都是以亚洲作为其传播的范围的;而在欧洲中心的世界体系里,则是"东方"。"亚细亚"在希腊语里就是日出的地方,有点类似于在中国的天下观念中称日本,"亚细亚"就是"日本",欧洲人讲亚细亚跟中国人讲日本在字义上是一样,就是日出的地方。

讲到这一点我冒出一个也许有点意思的联想。刚才孙歌教授说日本的亚洲概念最有主体性,我想,日本之所以发展出亚洲主体性的概念,虽然背后不一定是自觉的,但实际效果也好,潜意识也好,其实是用来对抗刚才那几个范畴的。如果说"亚洲"这个地理空间的范畴,在历史上各种既有的世界体系中其实缺失主体性的话,日本用"亚洲"范畴的确可以建立起不同于前面几个体系的世界图像,对抗或者超越甚至取代这些范畴。

我前面可能讲得太多,不过,前面讨论的内容如果都能讲清楚,后面讲广州就不用多讲了。在其他几种关于亚洲这个空间的世界秩序下,广州都有着一种独特的位置,它在物理空间上似乎都处在这些圈子的边缘,广州的核心性体现在它具有把不同的圈连接起来的地位，尤其是作为中华帝国体系与其他体系连接起来的一个节点，它的核心地位不是由物理空间的位置决定的。后来在佛教文化圈的扩展过程中，广州又成为佛教进入中华帝国体系的一个重要据点，在伊斯兰教的扩展中也是一样，通过广州和中华帝国中心联系起来。

所以说，广州的重要性表现在她能够凸显不同的演出者在不同的舞台上所呈现的世界格局，不同世界的面相都在广州这个地方得到体现。特别是到了以欧洲为中心的世界体系扩展的时代，海上贸易的市场通过吕宋连接美洲和印度洋以及欧洲的贸易，所有的贸易跟中华帝国市场连接起来，这个市场的中心就是在广州。

以广州为中心怎么呈现亚洲的复杂历史面相，这是一个非常有魅力的话题，要在艺术上尤其是当代艺术上怎么呈现，我是想不清楚的，因为背后的历史实在太复杂，我可能只是给了一个混乱的图像给大家。不过，我相信这个混乱图像背后有某种秩序存在。

在广州做这个展览我有一点担心，我有点担心我们以广州为中心来做的时候，一不小心就把中华帝国体系的理念渗透进去。作为学者我不希望看到这个结果。所以最后我想特别提出来，希望能够走出这个视角，不然的话，很容易掉进这个陷阱，尤其是目前我们都知道中国还存在狭隘的民族主义，在这种民族主义的情绪和心态下，讲亚洲也好，讲海上丝绸之路也好，我担心会回到汉唐以来建立"天下"的世界观里面，如果真的那样，等于是要和其他的"世界"对抗下去。当然，人们可以说这也是一种选择，但我个人不希望看到出现这样的选择。

（二）

很抱歉后来没有听到各位朋友的发言，可能不一定能和大家互动。昨天我受孙歌前面发言的影响，从亚洲的概念开始进入话题。其实，这是倒过来讲的逻辑。我平时讲这个模式的时候，是从人开始的。今天我想回到我自己原来的逻辑上再重复一下我的想法。

对我来说，我们思考问题的出发点，不是亚洲，不是中国，也不是文化，而是这个地区的人。我特别强调这个起点，如果回到以广州为中心的观察，我思考的逻辑起点应该是这个环南海圈里活动的人群。在比较原始的状态，我们先假定它不属于任何一个国家，也不属于任何一种文明，也许他们就是一群有很多互动，有共同的生计空间、共同的生存方式的人。这群人有不同的名称，或者叫南岛民族，或者叫马来人，或者叫越人。在中文的语境里叫越人，在东南亚的语境里叫马来人，在台湾地区的语境里叫南岛民族。在我看来都是在这个海域里活动的人，这是我最基本的出发点。在这个出发点下，我们再来看，在后来漫长的历史里，这群人身上怎么加上其他的要素，最后怎么变成了不同的民族、不同的国民，然后才是如何成为亚洲人。

在南海北岸的陆地这些人，是在中国王朝的扩张中成为中华帝国体系的一分子的。中华帝国的结构跟一个现代国家结构的最大不同，是这个体系不是一个边界分明的政治版图，它更多是一种观念，就是明朝皇帝的"天下"。我在中华帝国最核心的部分画一个圈，当然就把广州纳进去，同时把在南海这个圈中的人也纳进帝国体系，广州就是这两个圈子重合地方的中心。

接下来的历史是我们比较熟悉的，我可能不用多讲。圈一出来大家都能理解。在公元2、3世纪佛教起来以后，佛教的扩展就形成更大范围的文化圈，这个我不用多讲。在中国讲亚洲历史，或者在中国讲中国史，其实比较忽视伊斯兰文化，但在东南亚讲亚洲历史，伊斯兰文化非常重要，更不要说在西亚。我们以9世纪阿拉伯帝国的势力范围为中心画一个圈。这个圈对于今天的亚洲概念是非常重要的。虽然今天在东亚地区，阿拉伯人或穆斯林的人数不是很多，但在我们的生活里还是有非常深刻的影响。这一点在广州也非常突出。不管是历史还是现在，伊斯兰文化在广州到处都可见，所以我们讲亚洲时这个伊斯兰文化的圈子也是很重要的。

当我们讲到"亚洲"的时候，如昨天孙歌老师、罗岗教授讲到的，主要是日本把它变成一个非常有主体性的概念，我想这点不是在上面这种历史视角里能够解释的。我们先回到资本主义世界体系。这个体系除了欧洲、中国以外，很重要的就是拉丁美洲。在这个世界体系中，与广州历史直接有关系的当然是欧洲，其次就是拉丁美洲。这样的世界体系包括非洲、欧洲、美洲、拉丁美洲，从16世纪以后形成的世界体系，带出来种种问题，包括殖民主义的问题、后殖民的问题、民族解放的问题、民族国家建立的问题，一直到冷战，都是由这样一个世界体系的圈引出来的问题。

今天的亚洲的想象也好，亚洲的概念也好，都要放在近代资本主义世界体系的概念下解释。要理解这样的体系在亚洲呈现出来的多种面相和复杂性，需要明白之前南海周边海域的人，由中华帝国的扩展，佛教、伊斯兰教的扩张，以及欧洲人来到这个地方，怎么和原有的历史节奏联系起来，构成很多很独特的发展，才能够理解今天我们亚洲呈现出来的种种文化现象，或者多种面相，以及我们今天已经有些时候很难拆解开来的亚洲表述。

这样的表述今天很容易被大家简单地从比较切身的经验，即从东西方对抗、从冷战、从民族国家间冲突来解释，或者从文化冲突来解释。我的理解是，如果把历史看成有深度的历史的话，那么所有这些东西方的对立、冷战的格局和民族国家或者文化冲突的表述，都存在一种简单化的倾向。这样表述的复杂性在哪个地方呈现会有它的长处？我觉得可以是在广州，因为在所有这些方面广州也许都不具有核心性，在中华帝国中不具有核心性，在佛教、伊斯兰教中不具有核心性，广州在南海的边缘位置也不具有核心性。广州只有在近代世界贸易体系中才具有某种核心性，但是在国际政治格局上还是没有核心性。恰恰就是没有核心性，这么多种的历史才可以在广州重叠呈现出来。我想或者可以透过视觉的效果把这个观念传达出来，我非常期待。

我担忧的事情是，历史发展到今天，我们看到很多时候讲亚洲问题，马上想到的是民族国家之间的冲突，如中国和日本、中国和东南亚、中国和美国、中国和印度，这些都是各个民族国家之间的冲突，背后是国家的利益，包括资源瓜分的利益，毫无疑问是一个很自然的话题。但我们的展览如果不是凸显这些冲突就是企图模糊这个冲突，都是最简单的处理办法。我觉得如果只是这样的话，展览的深度可能不能令人满足，这是我的一个担忧。

民族国家的冲突自然会引到冷战的问题，今天我们看到民族国家的矛盾冲突，背后都笼罩着冷战的阴影，但是在冷战阴影下，更深层可能是在生活层面、文化层面、艺术层次等叠合出来的图层。我们以亚洲为主题，希望不要弄到跟全亚洲对立，而是要呈现亚洲叙述背后的复杂性，让大家在面对各种冲突和矛盾的时候不要用单一的心态理解这个世界。

我不知道我的担忧有没有讲明白。谢谢大家！

（2014 年 3 月 17—18 日在广州首届"广东美术馆亚洲双年展"第一次学术会议上的发言）

◎ 广州三重奏

　　广州，在漫长的历史时期，为"中国"最南之一大都市，其"南方"气质之独特，达到极致的程度，以至于人们常常将以广州为中心的"岭南"之地，视为同由"京"代表之"北"和由"海"代表之南共同构成之"中国"不同的"岭外"或"化外"之地。广州这种极致的"南方"韵味，是由南海海域、中华帝国南疆与世界体系的历史三重奏演绎出来的。我的发言，拟以广州的历史为例，讨论在中华帝国疆域中的南北特质，不只是由地理条件差异造成，更因叠合于其上的文化圈不同，并在这些文化圈交叠互动历史过程形成。

在讨论广州之前，需要先对一些与"地方性""区域"有关的概念做一点反思。我们可以先从几幅地图开始，按国家和政区划分的地图，按陆地、山脉和海洋划分的地图，还有按语言划分的地图，呈现出来的是不一样的区域图像。"区域""地域"这些概念，作为一个范畴，在中国研究中常常是从一个陆地上的点或者空间单位去理解的。从这个角度看，广州是一个边缘的地方，不过如果我们从海洋的角度、从海洋与陆地连接的角度去看，广州就是一个中心。

其实，我们必须把海域也看作是一个很重要的地理空间单位，我们要看的，不仅仅是用两条腿可以走的大地上的区域，应该把船可以走的区域也纳入我们定义一个地点的空间范畴去理解。不过，用船行走的区域和用两条腿走的区域，不管是在空间过程上还是时间结构上，以及在展现出来历史节奏上，都一定会有很大的不同。

还有，今天人们去理解世界，大多都是不假思索地从国家的角度去理解的，人群分类也好，文化也好，社会也好，人的行为和交往也好，都是把国家作为历史活动的基本单元，这是一个不言而喻的前提和出发点。在一幅按政区、按国家来绘制的世界地图里，我们很清楚地看到，广州是在一个拥有广袤国土的国家非常边缘的地方。人们很熟悉的"广州"，就是在这个国家边缘地区的一个节点。过去有一个常用的说法，叫作广州是祖国的南大门，也就是这个意思。这样来理解广州，不言而喻是从国家出发来定义的。在这样一种视角下，广州不仅是在国家的边缘，还是在一个与海连着的边缘。现在人们喜欢用一个词，叫作"海上丝绸之路"。有一种说法把广州叫作海上丝绸之路的"起点"，为什么是"起点"？大概的意思就是这个国家同另一个外部的世界的连接线以这里作为起点。我个人是不主张在"海上丝绸之路"这样一个范畴下理解广州的，后面会有进一步的讨论，我今天讲的可能会是一些不太一样的想法，大家可以只当是我的一家之言。但我想我们大家都先要清楚的是，现在认为是不言而喻的一些认识，是从国家的概念出发的，在这种认识下，广州是在国家架构下的一个边缘的点。

除了从国家出发的理解以外，还有"文明"的概念。对于文明的概念，我们都很熟悉的表述，就是人类有好几个古代的文明。一个就是今天战争不断，打得不亦乐乎的两河流域地区；再一个就是埃及尼罗河流域的文明，还有印度河流域的文明；再过来就是黄河、长江文明，所以，讲文明，基本上是以大河流域为单位的。文明的历史都是从这几个基于大陆和大河的空间出发的。不过，16世纪以后，随着欧洲的兴起，人们更多谈到的是地中海的文明。还有最近几十年学界越来越重视的另外一个很大的区域，就是环南中国海周边地区。这个地区是否可以看作一种文明的区域，可能会有一些争议。问题在于什么是"文明"，这点我不想在这里纠缠。无论如何，这个地区在人类发展历史上是很重要的一个区域，这个区域在文化上也有自己的独特性，这一点，恐怕没有什么疑问。随着研究越来越深入，这个区域在人类历史上曾经有着举足轻重的角色，也越来越被人们所重视。广州的历史，首先要置于环南中国海区域的文化过程中去定位。

为什么把环南中国地区看成是一个具有某种整体性的区域？我们先看看比较近代的情形，从方言地图上看，在大陆中国的南部与南海连接的地域，有几个主要的方言区，粤语（广州话）分布在东南沿海的西部，东部是闽南语（含潮州话）方言区，北部是客家话方言区。当我们用这几种语言划分方言区的时候，用的是陆地上分布的概念，但我们把视线移到这个海域，即环南中国海周边地区，方言的分布就有一些值得我们注意的现象了。特别是现在称之为"闽南语"的方言分布，除了漳泉地区外，其实一直沿着南海周边的岸线分布，"潮州话""雷州话""海南话"，都属于所谓"闽南语"（有人为了淡化其行政地域色彩，用"鹤佬话"，其实这个"鹤"也不过是"福"字的谐音，还是脱离不了行政地域的色彩）。在潮州与雷州之间，还分布着很多所谓"闽南语方言岛"。这里需要说明一下的是，我们这样说的时候，没有办法不用这些不仅是基于陆地空间而且也基于国家行政体系的政区概念形成的名称，后面我们也只能用这些概念，但希望大家暂时把这些概念在字面上包含的陆地国家意义先搁置起来。这一方面显示了陆地的国家事实上主导了在漫长的历史中这些地区的人群活动，也形成了人们认知上的主导性话语。但是，另一方面，我们在接受这个事实的同时，也需要看到这种方言分布向我们展现的另一个可能更深层的历史事实。如果我们把在国家扩张历史过程中形成的政区划分所形成的文化揭开，底层所隐藏着的一个事实，就是讲所谓"闽南语"的这一群人，其实是长久以环南中国海周边地区为自己生存的世界的人群。国家在陆地上设置的行政区把这些人分割成"闽南人""潮州人""雷州人""海南人"等，经过长期的历史变迁，他们的语言也有了很大的区分，这是陆地国家主导的历史运动的结果。但至今仍然可以辨认这些人说的话同属一种语言的事实，让我们可以想象海洋是这个人群的活动和交往的重要空间。除了"闽南话"之外，随着岭南地区开发的历史进程，讲"粤语"和"客家话"的人群的活动范围也向环南中国海区域扩展。主要沿着西江流域分布的"粤语"人群，在比较早的历史时期，就已经通过珠江口同南海海域连接起来；主要分布在南岭山脉南部和东部的讲今天称为"客家话"的人群，在明清以后，其活动空间也一直向南海海域伸展。在 19 世纪到 20 世纪，中南半岛、马来群岛上生活着大量讲闽南语、粤语、客家话的人群，很多港口和城市乃至乡村地区，都是这些人群活跃的地方。一个广东人或者闽南人，在这一个区域行走，家乡感比走出南岭山脉以北更强。如果在东南亚地区画出一个方言群分布图，马上就呈现出来一个超越了国家的环南中国海的区域格局出来。今天大家习惯把在中国领土之外居住的人群叫作华侨、移民，这是一个从国家出发的概念。大家已经熟悉的这套话语，不是不对，而是我们必须明白这是在一套国家话语中产生出来的概念。这套话语是从19世纪末，特别是第二次世界大战以后，民族国家建立起来，整个世界政治版图重新划分以后，才逐渐广泛使用的话语。本来，这些人在这个区域来来往往，只是在不同的地方谋生，他们被叫作华侨，是因为他们"出国"了。但是对于他们来说，过去大概没有"出国"的观念。千千万万的闽南人、潮州人、广州人、客家人，过去若干百年来在这个区域活动，他们只是在这个共同的空间求生罢了。在南洋一带的Peranakan，就是这些人的后代，他们同后来在民族国家概念下的华侨、华人的区分，典型体现出这种差别。我们当然不能说这么广大的区域都是他们的家乡，但应该看到，这个区域是他们生存的世界；环南中国海地区也许不能说是他们的土地，但这个海洋是他们游弋的海洋。这是从比较晚近的历史来看，我们应该把这个海域看成是一个整合度很高的区域。

人们也许会把这看成是一个在地理大发现之后世界体系形成的结果，是随着海上商业贸易和市场体系的形成而出现的格局。但是，我们首先必须了解，当欧洲人来到这片他们称之为东印度的区域时，他们马上遇到的，已经是很多很多在这里聚居着的闽粤人（只能借用这个由国家行政区产生出来的概念，但我只是借用来指称特定的人群）了。其次，如果我们把视线一直向远古的时代延伸，考古学者已经揭示了很多从古人类和旧石器时代起这里的人类在体质和文化上具有一致性的事实，新石器时代以后，这个海域在文化上的统一性和密切的关联性是更为明显了。我很同意百越与南岛民族同属一个文化系统的观点。虽然考古人类学者在这个问题上众说纷纭，但如果我们把"起源""迁移""扩散""扩张"这类论题和视角搁置起来，很多不同的论点都可以支持环南中国海周边地区在相当漫长的历史时期同属一个文化系统的判断。

说了这么多，目的是要强调，广州的历史和文化首先是在这样一个以海洋连接起来的区域的节奏中展开的，这就回到我们的主题上，我们来看看当广州置于这样一个由海洋连接起来的区域里面，应该如何去认识和理解呢？大家今天到广州，可以把广州看成是一个内陆的城市，因为距离海岸还有好几十公里，今天的广州辖区内，严格地说并没有海。但其实，在古代，今天的珠江三角洲还是一个很大的海湾，后来的广州市区，就在这个海湾的北岸。我们从古代的文献也好，出土的文物也好，都可以看到这个地方本来在文化上，在人群活动的空间范围上，是属于环南中国海这个海域的。中国汉朝时期的一份文献这样记录这个地区的人群："九疑之南，陆事寡而水事众。于是民人被发文身，以像鳞虫；短绻不绔，以便涉游；短袂攘卷，以便刺舟。"（《淮南子·原道训》）在广州出土的秦汉时期的文物中，有船、水田，以及现在中国西南和东南亚地区还到处可见的杆栏式建筑，还有像这样的一种口里咬着蛇、短裤、赤脚的人物造型（图1），一些人物的发型也与中国其他地方不一样，髻扎在右边。在广州南越王墓出土的一个提桶，上面的纹饰呈现出来的图景，是一些在船上的人物，穿戴着羽毛，手提斧子，提着人头，还有被砍下的人头挂在船上（图2）。这种纹饰在越南、云南都有出土，这样的形象和场景也见于南太平洋岛屿上的民族。这种种形象呈现出来的文化图像，显示了这个地区与南岭以北地区属于不同的文化系统，而与环南中国海周边地区则有很多一致性或相似性的事实。

我们把广州置于环南中国海这个文化系统中去看，是不是要否定广州是中国一部分呢？近代以来，我们习惯于把"文化""民族"与"国家"看成是一个东西，是在边界上重叠着的系统。其实，这只是一个近代以来民族国家构建过程中制造出来的观念。但是，我们也需要看到，这种观念和逻辑，本身也是有着某种国家发展的历史事实作为基础的。如果我们能够从历史过程去理解这些范畴，就不会陷入无谓的争议中。在比较远古的时代，那时候还没有国家，广州自然也不存在是否中国一部分的问题，中原地区的古代国家的早期，广州也没有纳入国家的版图。我们比较清楚地知道广州成为

图1 广州南越王墓
出土屏风构件

图2 广州南越王墓出土铜提桶之纹饰

中国的中央王朝的一部分，是从秦始皇时期开始的。但即使在秦汉时期，广州在帝国里还是一个很边缘的地区。我们从地名就可以看出来。现在叫"广州"的这个地方一直到20世纪初的名称都是"番禺"，这个"番"字，非广东人大多会念作"fān"，广东人则念"pān"。我相信是本地人刻意不念作"fān"的。在秦汉时期出土的文物上，这个字写作"蕃"，作为地名，当时是写作"蕃禺"的，意思就是蕃人居住的地方。后来本地的读书人不喜欢被叫作"蕃"，因为"蕃"在传统观念上是贬义的，是不开化的、野蛮的意思，就把它改为读"pān"，也把草头去掉，跟"蕃"切割了。番禺所在地区的更大范围的区域的名称，在秦代最初设立国家行政建制的时候叫南海郡，把这两个地方联系起来，表达的意思，就是这里是在海边的番地。我们从地名中就可以看到一种从国家的视角来定义的广州，由此出发，我们也就有了另一个不同的视角。

讲了这些，大概可以建立一个概念，就是认识一个地方，首先要把这个地方看作一个人的活动的空间范畴，一个由人群的交往形成的区域，这个区域首先并不是在国家系统下定义出来的。人群分类、语言、文化，都首先是在人的历史活动中形成和塑造的。在这样一种概念下，我们可以先把广州理解为环南中国海周边地域这样一个大圈中的一个地点，这是一个很大的圈子，之所以我们可以画到这么大，是因为这个圈中的人群的交往的空间主要是海洋，人们来往的交通工具是船，是可以远行的船只。我们从认识这个圈出发，再来看国家是如何叠加到了这个区域的历史过程，国家如何重新定义并形塑一个地方的文化与认同。

在过去漫长的历史时期，中华帝国从黄河流域向这个区域扩张，一直扩展到这个大圈的地方，这是一个国家扩张的历史过程。我们现在讲历史，在思维上需要有一种自觉，就是要始终清楚知道自己在讲的是人的历史还是国家的历史。在国家扩张的过程中，人会被拉入国家系统，从属于国家，于是，国家的历史就会遮蔽了人的历史，在整个历史叙述里面，人的历史就变成了国家历史的一部分。本来，在某个空间里，人来来往往，是出于生存和交往的需要，同国家并没有关联。但一旦在这个区域里不同的部分被划入了不同的国家，事情就发生变化了。特别是设了一个边境，出入境要签证了，原来由人们的交往和活动形成的空间就被切割成不同的国家，人们的这种交往和移动，就成了跨境移民，那些由帝国版图里面走出到帝王版图以外的地方的人，就成了"华侨"。如果没有"国家"这个东西，就不存在"华侨"的概念。这样一种基于国家历史的话语我们今天熟悉到习以为常了，以至于帝国这个政治统治和文化一统的圈子，在我们的历史认识上，凌驾甚至取代了由人的活动形成的空间范畴。在国家历史话语下，广州成为连接这个帝国的一个地区和帝国以外更远的地区的一个连接点，一个枢纽。

国家扩张在地方上的象征，在今天的广州随处可见，有很多很有代表性的标志。例如，在广州东部有一座南海神庙（图3），今天我们耳熟能详的广州历史叙述都把南海神庙叫作海上丝绸之路的起点之类，其实，南海神庙最重要的意义不在于海上丝绸之路。南海神也许真的有航海的保护神的意义，但他被国家崇祀，并不是由于他可能护佑海上航行安全。南海神庙是王朝国家统治体系的一个重要的象征，是王朝国家的统治权力的象征。王朝国家的统治权力，是由超越人间的力量赋予的，在古代中国，这种力量来自天和地，通过祭祀山川来体现。汉唐之后，祭祀五岳、五镇、四海、四渎逐渐演变为帝国体系的象征，并且山川河海逐渐成为人格化的神明。作为四海之神的南海神，首先是王朝帝国的象征，隋代在广州建立的南海神庙，也首先是王朝统治的象征。

广州另外一个很重要的国家象征，就是现在用作广州博物馆馆址的镇海楼（图4）。这个楼是明朝初年朱元璋征服广东，在广州确立起明朝统治的象征。明王朝在广州城最北端，也是广州城最高处建立这座雄伟的五层高楼，目的是非常清楚的，就是"镇海"，所谓"威震海疆"，就是要把这个属于海疆的地方控制住，帝国的权力在这里牢牢地扎下根。在今天的广州，一座南海神庙，一座镇海楼，都是王朝国家在这个地方统治最重要的象征，它们从建立到现在，一直都

图 3　广州南海神庙

图 4　广州越秀山镇海楼

广州三重奏　　　　　　　　　　　　　　　　　　　　　195

没有毁掉。我们要从王朝国家的历史去理解广州，这些重要的象征是一定要纳入我们的视野的。

在这样一种王朝国家的视野下面，我们就不难明白今天人们常常用"海上丝绸之路"来描述广州的历史文化，是怎样一种概念了。这是一个帝国与外部世界连接起来的概念。在唐代的时候，广州通过海洋连接帝国以外的世界的路线叫"广州通海夷道"，我个人认为这个名称比"海上丝绸之路"更确切地表达了这条路线以及广州在帝国体系下的意义：是一条王朝国家连接帝国以外世界的交通路线，而广州是这条路线的一个从王朝国家出发的起点。

从一种国家历史的视角去理解海上交通与从人群的交往活动出发去理解海洋世界是很不一样的历史观念。我们可以人们对郑和下西洋的认识为例。郑和下西洋在最近十多年来被炒得很热，很多历史著作都把郑和下西洋视为一次非常伟大的航海行动。这当然没有什么不对，郑和下西洋的确是非常壮观的航海行动。但我想指出的是，这种历史理解的正确性，只是在国家话语下的历史叙述才具有毋庸置疑的合理性。其实，郑和船队在海上航行的路线，是唐宋时期活跃在这个海域的人们都已经很熟悉的路线，郑和到过的地方，基本上都在刚才提到唐代的广州通海夷道的范围，不仅阿拉伯人已经在这个海域航行了好多个世纪，东南沿海地区的人们，也很长时期里在这个海域往来不息，郑和组织船队就是直接招募现成的熟悉航路的水手驾驶的，并不是一次探险的航行。从以下这段记载中，我们不难看到，在郑和及其船队与闽粤人之间，究竟谁才是这个区域真正的主人。明马欢《瀛涯胜览》载：

旧港即古名三佛齐国是也，淳林邦，属爪哇国所辖。东接爪哇，西接满剌加国界，南大山，北临巨海，诸处船来先至淡港，入彭家门里系船。岸多砖塔，用小船入港则至其国。国人多是广东、漳、泉州人逃居此地，人甚富饶，地土甚肥，谚云：“一季种田，三季收稻”，正此也。地方不广，人多操习水战。其处水多地少，头目之家都在岸地造屋而居，其余民庶皆在木筏上盖屋居之，用桩缆拴系在岸，水长则筏浮，不能淹没。或用别处居之，则起桩连屋而去，不劳搬徒。其港中朝夜二次暗长潮水。人之风俗、婚姻、死丧、言语皆与爪哇相同。昔洪武年间，广东人陈祖善（按：当为陈祖义）等全家逃于此处，充为头目，甚是豪横，凡有经过客人船只，辄便劫夺财物。至永乐五年，朝廷差太监郑和统领西洋大艅宝船到此处，有施进卿者，亦广东人也，来报陈祖义凶横等情，被太监生擒陈祖义回朝伏诛，就赐施进卿冠带，归旧港为大头目，以主其地。本人死，位不传子，是其女施二姐为主，一切赏罚黜陟皆从其制。①

① （明）马欢：《瀛涯胜览·旧港国》，25~26页，《丛书集成初编》本，北京，中华书局，1985。

很显然，在郑和以前，这里已经是很多很多闽粤人生存的空间，他们的航海活动大多数没有被历史记录下来，一些在史书上留下了记录的，也是沾了郑和这类属于国家行为的历史的光（其实在这种历史中他们大多以负面的形象出现，只是在被记录下来的意义上，相对于绝大多数没有历史的人来说，还算沾光吧！）。由此也说明了为什么同千千万万的小人物的航海活动相比，只有郑和下西洋的航海活动才被书写记录下来，在历史上成为伟大的事件。郑和的船队是明朝皇帝派出去的，这个船队的航行在王朝的历史记录中被郑重其事地记录下来了。相比之下，在郑和之前，所有在这个海域航行往来的福建人、广东人、大食人等人群的航海活动，在王朝历史叙述中只是被偶尔提及，只是在剿灭海盗、接受朝贡这类国家的历史记录中出现，当然就是无关重要的。在王朝国家视角下的历史里的重要历史事实，一定是和帝国的历史联系起来的才会吸引眼球，大家才会觉得它很重要。但事实上，如果我们的历史叙述，首先是人的历史的话，就要明白，在这个海域航海的传统，并不是被王朝国家派出的郑和开创的，而是生活在这个海域的人，是这些世世代代在海上航行，来来往往南海与印度洋的人制造的。要认识这个历史的真相，我们需要改变自己历史观。郑和航海的历史，不过是一个国家的历史叠加在当地人的历史上面的一个例子而已。

要理解广州及其所在的这个区域的历史，还要认识到，由本地人的活动构成的历史，不仅叠加上了国家历史的节奏，还叠加上了世界体系的节奏。这里所说的世界体系是从广义去理解的。首先影响比较大的是佛教的传播，我们知道，比较早期的佛教传播，除了陆路以外，几乎在同时也经由海路传播，从印度洋经苏门答腊岛、马六甲海峡向南中国海地区传播，一直到广东、福建以至东南各地。佛教从海路向中国传播最重要的口岸就是广州。

从佛教传播的历史看，广州是佛教文化圈中一个重要的地点。广州有多座重要的佛教寺院。例如光孝寺（图5），

图5　广州光孝寺

三国时期建寺，东晋时期罽宾国三藏法师昙摩耶舍来寺扩建大殿并翻译佛经，梁朝时来自西印度的智药三藏植菩提树于戒坛前，中国禅宗始祖达摩到广州的时候就驻锡该寺，禅宗六祖慧能就是在这里与寺僧论风幡，并剃发于菩提树下，鉴真和尚去日本传法，遇海风漂至广州，也在该寺中传授戒法。广州的上下九步行街旁边有一个地方叫"西来初地"，现在还立有一块小石碑，据说就是禅宗初祖菩提达摩到中国的上岸地，当地的华林寺据说就是菩提达摩所建。

这是大概6、7世纪以前的历史，由这些佛教传播的历史，我们看到的是这个地区人的交往、文化上的交往非常频繁，环南中国海地区跨过马六甲海峡同印度洋的文化圈联系起来。唐代以后，突厥人在中亚兴起，原来连接欧亚大陆的传统的陆路的路线，因为突厥人势力兴起而被切断了，或者变得没有那么方便，战乱很多。来自地中海的罗马人、波斯人，很多都通过海路进入印度洋和南海这一带地区。到了7、8世纪，阿拉伯帝国兴起，这是人类历史上非常重要的一个"全球化"时代。在阿拉伯人的世界里，广州也是十分重要的一个地点，《旧唐书》记载着758年广州曾被大食国、波斯国兵众攻城，刺史韦利见弃城而遁的史实。泉州一块石碑，记载着隋开皇七年（587年），有撒哈八·撒阿的·斡葛思者，自大食航海至广州，建礼拜寺于广州，赐号"怀圣"的历史。这座清真寺现在还在，是伊斯兰教在中国早期建立的清真寺，清真寺的光塔是唐代建立的（图6）。传说伊斯兰教最早到中国传教，来的门徒有四个人，一贤传教广州，二贤到了扬州，三贤四贤到了泉州。唐宋时期的广州城，有一半是阿拉伯人和波斯人住的地方，叫番坊。伊斯兰文化圈在广州的历史上也曾经留下很深的影响。

前面我们说过南海神庙在隋朝时候建立，是作为王朝国家统治的象征，但南海神管辖南海，很自然地跟航海、贸易发生联系。现在我们到南海神庙还可以看到一尊被本地人叫

图6　广州怀圣寺

图7 广州南海神庙中的 "番鬼望波罗"像

作"番鬼望波罗"的塑像（图7），是中古时候的阿拉伯人的形象，广州民间传说他是因为贪玩没有赶上船，船走了，结果就留下来了，穿一身中国服装天天盼着番船回来接他。

这些直到今天在广州仍然可见的种种文化遗存，让我们看到了佛教文化圈的扩展，也看到了在阿拉伯人的时代伊斯兰文化圈的扩展，这是我们看广州历史文化中广义的"全球化"的节奏。进入16世纪，随着美洲新大陆的发现，欧洲人在世界上成为主要的海上力量。这个时候的广州历史，更是在全球的脉络下展开。

欧洲人来到这里，首先是葡萄牙人、西班牙人，他们从欧洲出发分别向两个方向航海，扩展其势力，最后相遇在南中国海。

西班牙人是从大西洋穿过美洲过来的，他们建立的据点主要是在菲律宾。葡萄牙人是从印度洋过来的，绕过好望角，所以他们开始建立据点是在印度洋到南海一带。荷兰人稍微晚来一点，到了爪哇——原来是中国人聚居的旧港——他们来到这些地方的时候，首先碰到的贸易对象之一，是一群早已在这里活跃的闽粤人，是一群我们之前提到过的闽粤人。他们做贸易的敌手也好，合作者也好，总之荷兰人从这里的人那里了解了如何航行到中国，并由这里的闽粤人带着他们到了广东沿海的上下川岛。葡萄牙人先到了这里，然后再从这里进入广州，这个时候的广州，已经是明王朝的一个地区政治与行政中心，自然不能让他们占据，他们就在叫作澳门那个地方居住了下来。荷兰人则往东面航行，先在台湾占了一个据点，后来被郑成功赶走。西班牙人则在台湾南边占据了马尼拉，后来澳门和马尼拉都成为很重要的贸易中心。

南海这个地区，在现代世界体系形成过程中具有很重要的地位。我们知道，欧洲人之所以在很短时间里面，集聚起大量的财富，首先是由于他们在美洲发现大的银矿，白银大量由美洲输出，通过菲律宾转口到达中国，然后中国输出的丝、瓷再通过菲律宾到欧洲、美洲。

这个时候，我们看到的是三个体系交叠形成的贸易体系，一个是环南中国海地区传统的贸易网络，一个是明清王朝的国家体系，上面再加入欧洲人主导的世界贸易体系。广州就是在这样的大环境下，展开了她的历史上最重要的一页。我们可以从图8中看到这样一个广州的景观。图9是在17世纪中的时候，荷兰画家画的广州，在广州输出的东西里面大

图 8　17 世纪的广州

图 9　广州茶行

量的是瓷器，这是茶叶包装交易的一个情景。还有很多画描画了丝、茶的生产，都是向欧洲人学了西方画法的广州画家画的。

这个历史制造的广州形象，不但存在于今天的广州，在世界各地也都可以寻访到很多的历史遗迹。如果有机会到波士顿，建议大家一定要去看看图10这栋房子，这栋房子在波士顿郊外，房子的主人福布斯船长就是长期在广州跟刚才我们看到的那些商人做生意的一个美国商人。这个房子很西式，但是走进房子看，整个房子都是广州的产品，都是

图10　福布斯船长家（位于美国马萨诸塞州波士顿市米尔顿镇亚斯街215号）

18、19世纪广州的产品，房子里面还挂着伍浩官的像（图10右上方），这个房子完整地按照商人在世时候的布置保留下来，桌面摆的瓷器和家具全部是在广州做的，他家里放着各种各样的餐具、瓷器。现在我们在世界各地可以看到的当年广州生产的商品，最大量的是瓷器，这些瓷器的坯主要是景德镇的，但是釉和花是在广州上的，因为这些瓷器都是广州的商人到景德镇订货再卖给外国人的。有象牙雕，非常精致，19世纪至20世纪上半叶广州象牙雕做得非常精致。有很精美的墙纸，19世纪在广州生产的墙纸，有西方味道很浓的玻璃画，还有整个是象牙做的西式的梳妆台，有应欧洲人来样定制的瓷器，有广州制造的西洋钟表，有18、19世纪广州生产的银器，还有学会用西方画法为西方人制作绘画的画室，等等。

我在这里展示了一些实物的图片，只是希望呈现出怎么看一个城市的文化。我们习惯于抽象地去标榜某个城市的文化如何辉煌，或者强调她在历史上的重要性，背后的历史观是一切都从一个帝国中心出发去表达一个地方的历史。我们并不是主张要放弃国家的视角，但我们理解一个地方，必须从生活在这里的人的历史开始，这是我们的历史观的出发点。国家只是人们在活动中创造的东西，然后再加在人们的头上，制约着人们的活动，甚至影响人们怎么去讲自己的历史。另外还有一个很重要的是，我们今天都经常会用全球史去取代国家历史，但全球史也有一个超越国家视角的问题。我们看到一些所谓全球史的叙事，其实还是从国家出发的，是基于国家与国家关系为主体的历史，而不是以人为历史的主体。当然，19世纪以后，尤其是在民族国家的基础上形成的世界秩序下，历史确实成了国家或国家之间的历史，必须由国家出发才能解释人们的活动。但是，这样一种历史视角，在我们理解过去两千年、四千年的历史时，就必须超越国家来看了。即使对有了国家以后的历史，如果跳出这个视角，从人的历史出发，然后再叠加上国家或国际的体系，对整个历史的理解就会比只是从一个国家出发去讲的历史精彩得多，丰富得多。由此去认识一个城市，一个区域，就不再是我们所熟悉的那样，把广州视为或者是帝国边缘，或者是帝国与域外做生意的一个地方，或者是为了皇帝、为了朝廷去寻求一些奇珍异宝的地方。这种历史认识的确是根深蒂固的，一直影响到我们今天的生活和对自己历史的认识。今天人们讲到广州的时候，常用的说法，是这个地方靠近港澳，改革开放早，容易接受外来事物。这全部是一个国家历史叙述下面的观念。其实如果回到普通人日常生活的角度，老百姓本来不会有这样的想法的，这里的人们世世代代就是这么生活的，只是按照我的方式去活着而已。你从国家的角度，才说这里开放，其实，老百姓其实也很保守、也很封闭的，不过他的保守和封闭跟他明天就坐个飞机跑到旧金山（三藩市）、洛杉矶、马来西亚也没有矛盾，因为他世世代代都生存在这样一个世界里。

（2018年3月29日在韩国海洋大学"The 8th International Conference of the World Committee of Maritime Culture Institutes"上的主题发言）

守望园庐

◎ 传统中国的"齐民社会"

观察中国国家与社会关系的历史视角

（一）所谓"齐民社会"

"齐民"的"齐"，在字面上是齐整的意思，因此"齐民"就是"平等的人"的意思（《史记》卷三十，《平准书》，《集解》如淳曰："齐等无有贵贱，故谓之齐民"）。但是，这个平等，不是现代社会的"平等"，因而，齐民社会也就不是一个"人人平等"的社会。要理解这种"平等的人"的社会与现代的人人平等社会的差别，需要知道，中国传统社会的"齐民"，首先要是"编户"（《汉书》卷一下《高帝纪下》，师古曰："编户者，言列次名籍也"），一般都以"编户齐民"并称，而"编户"是"齐民"的前提。只有成为编户，才能是齐民。而"编户"的意思是什么呢？"编"

就是"编制"的编，"编户"就是编制起来的人户。什么叫编制起来？就是将社会上的人登记在户籍册里，按一定的组织形式编入一个层级化的国家管理体系，承担君主国家的人力物力资源的供应。

由此，"齐民社会"的本质，是以贡赋经济体系为基础的社会秩序，而齐民的身份，也就以其是王朝编户为条件，编户的实际社会地位，由其在贡赋体制下的权利义务决定。

齐民社会的不平等主要表现在以下几个方面。

首先，"齐民"并非全体的社会成员，在"齐民"之外，历来都有大量的"无籍之徒"，这部分人在王朝贡赋体系之外，从"流民""逃户""盗贼"到奴仆、贱户。这些不在王朝贡赋体系之下承担提供国家财政资源义务的人，不具有"齐民"的身份，也不享有"平等"的权利。

其次，"齐民"的概念，包括了教化的意义。西晋人晋灼注《汉书·食货志》解释齐民是"中国被教齐整之民"（《汉书》卷二十四下《食货志下》注），所以，在齐民之外，还有大量的蛮夷戎狄，在王朝体制下的政治权利和社会地位都在齐民之下。这一点是理解齐民社会时不可忽视的。

再次，由齐民的身份需经教化获得出发，延伸出的是，教化的程度也潜在地成为身份、地位区分的一种根据。在科举制度成为主要选官制度后，教育程度与政治权利地位的联系越来越强化和制度化，科举功名和官品也逐渐成为等级身份的标志。

又次，在齐民之中，因为财富的不均，也形成实际上的不平等。司马迁在《史记·货殖列传》中说："凡编户之民，富相什则卑下之，伯则畏惮之，千则役，万则仆，物之理也。"《汉书·货殖传》中也说："其为编户齐民同列，而以财力相君，虽为仆虏，犹广悒色。"

最后，也是最重要的是，传统中国的"编户"体制，在王朝制度话语下叫作"户籍制度"，这种户籍制度，不是现代国家的户口登记和统计制度，而是一种对君主制下的臣民的人身控制与奴役的制度。在这种制度下，"齐民"的不平等还不只是体现在一些可以用来量度的外在指标上，由编户构成的"齐民社会"，与由"公民"或"国民"构成的社会有性质完全不同的社会秩序和权利关系。

（二）齐民社会的国家与社会关系

我想呼应一下吴重庆教授提出的中国是"强社会—弱国家"还是"强社会—强国家"的问题。我认为，"齐民社会"是国家与社会同构的、君主制的国家体制，资源控制和政治运作，是通过户籍制度下的"编户"系统存在和实现的，而齐民社会则以同一个编户系统将国家内化于其中，维持这个结构的机制，是一套礼仪秩序。对于中国来说，理解社会—国家之间的强弱关系，需要立足于这样一种结构性的关系去考虑。

从形式上看，传统中国的社会是在一个从省府州县到乡都里社的国家体系下构成的。近些年，有人把州县以上的层级与乡都里社层级区分开来，视为分别属于国家和社会两个范畴。也有些研究认为乡都里社存在一个从国家体系脱离开来的"社会化"趋势。但在我看来，在"齐民社会"中的乡都里社本来就是王朝国家体系的组成部分，宋代以后，随着国家规模和贡赋体系运作的种种改变，君主国家直接控制编户齐民的方式和机制也慢慢发生了变化，贡赋体系的运作越来越依赖市场和货币手段，与过去的人力物力供应相比，导致国家力量的直接控制趋于松解。但与此同时，随着国家意识形态的蔓延渗透，国家在文化上的大一统力量越来越取代了政治和军事的权力，国家礼仪向基层社会的下移，在更为稳固的基础上延续着君主国家与齐民社会的同构性。

然而，这样一个转变过程，创造出一种空间，使得看起来与国家权力不同（甚至对立）的社会力量成长起来。吴重庆教授所谓"存在着许多相当自主的社会组织的混合体，碎片化的社会控制模式"的"网状社会"，在16世纪以后的中国很快地成长起来，尤其是到19世纪，民间以宗教信仰、神明祭祀、祖先崇拜、地缘认同、行业合作、货币信用等文化和经济因素为组织机制的形形色色的社会组织发展起来。

到 19 世纪末 20 世纪初，这些社会组织和机制的社会控制角色和能力，似乎已经呈现出超越国家的势头。不过，这些看起来属于"强社会"的结构，仍然是以国家意识形态和礼仪秩序为结构性的支撑基础，这是否意味着"弱国家"，仍然是一个疑问。

到清代末年，随着新式教育的兴起，尤其是科举制的废除，在"强社会"发展中维系国家架构的意识形态和权力机制发生了根本性的动摇。特别是经历了共和革命之后，维系传统中国君主国家与齐民社会同构的政治和礼仪制度垮塌，中国可能一度进入了吴重庆教授所讲的"强社会—弱国家"的状态。但这个趋势随着国民革命和党国体制的形成发生逆转，只是由于在新的国家—社会结构下，国家意识形态、法律和礼仪秩序以及国民经济体制不能很快地重构并完善起来，无论是传统的国家—社会同构，还是"强国家—弱社会"或"强国家—强社会"的结构，都不可能在短时间内成型。共产主义革命就是在这样的历史情境下发生，由此也决定了这场革命在重建国家—社会秩序时的历史取向。

（三）共产主义革命后国家—社会的同构化

我同意吴重庆教授指出的，中国的共产主义革命是一场社会革命，革命创造出了一种新的"强社会—强国家"的结构。这场革命摧毁的，首先是 16 世纪以后发展起来的网状社会的构造。毛泽东在建立其中国革命理论时，揭示了传统中国支配社会的有四种有系统的权力——政权、族群、神权和夫权，提出革命的目标就是要推翻这四种权力。在革命的实践中，事实上不仅推翻了旧的国家政权，也推翻了由这个政权衍生出来的社会权力——绅权，更彻底推翻了族权和神权，夫权可能不能说推翻，但也深深地动摇了。由此看来，这场革命的确摧毁了在最近几百年来形成的"强社会"的基础，原来的网状社会被撕裂甚至破碎了，形成了国家体系中的"细胞化"社会。这个细胞化的社会的构成，以户籍制度、单位制度和公社制度为基本骨架，从结构性质及其权力机制来看，可以理解为中国传统"齐民社会"的一种回归。如果这个理解成立，那么，我们也可以认为，革命后的中国，与其说是"强国家—强社会"，不如说仍然是国家—社会同构，换句话说，吴重庆教授所说的"人民社会"，在我看来，仍然是"齐民社会"。

由于这个"齐民社会"的回归，是在通过广泛的政治动员开展起来的革命中实现的，所以，"齐民"的身份，是由政治动员拉入革命运动的行动者，即所谓"人民群众"或"基本群众"，他们对身份平等和资源和权力均等的诉求成为这个社会更具有神圣化的价值。但是，这种身份和权力，不是基于天赋人权，而是基于个体在整体结构中的位置和角色，必须依存于户籍、单位或公社制度构成的细胞组织，这种看似悖论的逻辑，恰恰是"齐民社会"的基本构成原理。

至于这个"齐民社会"在当代中国的表现形式及其发展方向，吴重庆教授关于"人民社会"的讨论意见，我基本上是同意的，在此暂不展开深入讨论。

（2017年3月18日在印度科钦的"Inter-Asia Biennale Forum 2017 at 3rd Kochi-Muziris Biennale"上的发言）

◎ 东莞明伦堂及其档案小议

（一）

　　"明伦堂"之名，出自《孟子·滕文公上》，其文曰："设为庠序学校以教之。庠者养也，校者教也，序者射也。夏曰校，殷曰序，周曰庠，学则三代共之。皆所以明人伦也。"由此，历代官府设立学宫，其堂匾曰"明伦"。明初朱元璋"令郡县皆立学校"，明伦堂为州县教化育成士子之机构，亦为凝聚地方士人参与地方事务的场所，其性质本属于王朝国家体系中的机构。然清末以后的东莞明伦堂，却由这种教化与士子聚议的官府设施，演变成为地方士绅主导的大规模土地控产机构，并在此基础上发展成一种半官方半民间的地方政治组织。

东莞明伦堂之所以能在晚清以后由国家教育机构转变为一个强大的地方经济实体，并在此基础上衍变为有力的地方政治组织，除了同其他地区一样，都是在清代后期地方社会转型和士绅权力上升的大背景下发生之外，主要得力于东莞士绅以明伦堂的名义对19世纪在珠江口新涨出来的一大片沙田的控制与经营。民国《东莞县志》卷九十九《沙田志》概述其原始云：

　　吾邑向无公产，今则万顷洋沙，合草水白坦数且达六百七十余顷，全为邑有。前人苦心经营，赴义忘身，或辱拘囚，或撄奏革，或被污蔑，而维持公产之志，先后一辙。虽得贤宰官之助，然非诸公艰苦卓绝，曷克臻此。总其所历，当分为四大时期。道光十八年，邑人朱国英、方仪辉等来城晤陈公云亭、方公瑚洲、何公耘劬、陈公百木，谓南沙村前海中浮有沙坦，邑之大利在是，盍图之。佥曰：善！因商之合邑文武绅士，由梁公应上等以合邑名义禀请给予学官为尝产。时顺邑温承钧等以大鳅沙名目，向香山瞒承，越界占筑，缠讼数年。二十年二月，邑侯栢会同委员候补县陈前诣勘明地属东莞。同日陈、方、何、陈四先生舟泊南沙村前，被温承钧等掳捉越解。是年三月，复委即用县张前往会勘。二十五年奉院宪奏明：该沙东北归莞承佃屯坦四十顷、官筑屯田十顷。后复互争界址，缠讼不休。二十九年邑侯崔会同香山县郭勘讯明确，开涌定界。复割拨香屯草水白坦九十五顷零。此吾邑承有沙田之始。[1]

自此之后，东莞的官绅以明伦堂为控产主体，通过种种途径，承佃垦筑升税，从邻县乃至省城广雅书院等公私业主手上夺取了万顷沙的其他田产，控制万顷沙的田产规模至清末累积达六七万亩之巨。东莞明伦堂在控制和经营这庞大地产的收益支撑下，社会影响和政治权势迅速膨胀，转型为地方官绅控制和管理地方事务的组织。进入民国以后，东莞的地方权势继承了清朝留下的这份遗产，组建成立明伦堂沙田经理局，在东莞乃至对广东省的政治格局都具有很大的影响力，一般仍以"明伦堂"简称之。

民国时期，明伦堂沙田经理局的执事者称为"总董"，20世纪20年代因省政府开展沙田清理，机构改称"东莞明伦堂沙田经理局整理委员会"，"总董"也改称"委员长"或"主任委员"。1938年广州沦陷后，日伪政权为控制万顷沙，在广州成立"东莞明伦堂沙田整理委员会"，另委卢尔德、莫章民等人担任委员长，而原东莞明伦堂沙田经理局整理委员会则几经辗转迁移，在香港、澳门和韶关继续运转，并于

---

[1] 陈伯陶：《（宣统辛亥重修）东莞县志》卷九十九《沙田志一·公牍一》，见《中华方志丛书》第52号，3721~3722页，台北，成文出版社，1967。

1942 年 12 月改组为"东莞明伦堂董事会","委员长"改称"董事长",由时任第七战区副司令长官的蒋光鼐担任,直至 1949 年。

今人对东莞明伦堂的认识,长期以来主要根据曾两度主持东莞明伦堂沙田经理局的叶少华在 20 世纪 60 年代撰写的《我所知道的东莞明伦堂》(载《广东文史资料》,第 16 辑,1964)一文。80 年代以后,伍若贤、黄永豪、韦锦新、王传武等多位学者,也都先后对明伦堂的运作及其沙田经营做过初步的专门研究,还有多位学者在研究珠江三角洲沙田时也论及东莞明伦堂的沙田经营。叶少华的文章,主要是作为亲历者的回忆,其本身就是一种史料;其他学者的研究,则主要以地方文献、报纸报道和部分明伦堂档案为史料。现藏于东莞市档案馆的约 1 5000 件明伦堂档案开放给学者利用研究,学界翘首以待已久,现在东莞市档案馆把这批档案全数影印公开出版,实为学术界之一大喜事。

(二)

东莞明伦堂的历史,对于研究近现代中国的社会变迁和国家转型,具有非常独特的意义和重要的学术价值。在中国王朝时期的政治体制和社会制度下,所谓地方组织,实质上都是王朝国家权力体系的组成部分。按照中国文化和政治传统，王朝体系之外的地方组织在法理上是非法的，尤其是具有政治或政权性质的民间组织，在王朝体系中并无合法性地位。但明朝中期以后，情况开始改变，到清代中期，这个变化发展更为迅速，在乡村和一些城市的基层边缘，由地方士绅主导的民间组织逐渐生长起来，成为一种被政府认可、越来越多在管理地方事务乃至公共行政中发挥作用的组织。19世纪中期以后，这种体现了士绅权力的民间组织在王朝国家统治秩序和地方社会治理方面逐步扮演起主导的角色，成为同传统国家权力机构相并行的权力主体，甚至成为晚清国家构造的一个组成部分，获得了具有国家权力性质的合法地位。进入民国以后，此类地方组织更成为新政府的基础之一，甚至直接就担当了地方政府的角色。在一些地方，士绅通过不同方式筹集起来的地方公共经费，同地方政府种种非经制收入的扩展形成的地方财政并行发展，构成了地方政治层面的国家转型的资源。最典型的，是很多地方与东莞明伦堂相类似的士绅组织宾兴会或宾兴公局，到民国初年成了县财政局的基础。从地方士绅组织的转变和运作着眼，尤其是从原有的王朝国家体制之外的地方财源成立的角度，考察民国时期地方政府的性质与权力机制，是理解中国近代国家建构历史的一个重要视角。

东莞明伦堂的运作，把这个体现了清末到民初中国社会由传统帝国向现代国家转变的独特内生机制发挥到了相当高的程度。在同一时期，这种在传统国家体制中生长出来，又脱离了原有的王朝国家政治轨道的组织，并不是孤立的历史现象。清末到民国初年，在城乡各地，都有类似的组织涌现，其中一些也呈现出后来发展成类政府或准政府的角色的趋势。例如，广州的绅商组织，如九大善堂，就成为广州清末以后的地方自治的力量并为后来的广东地方政治组织的形成奠定了基础。更典型的一个例子是同这些组织有渊源关系的香港东华三院，在港英政府治下，它实际上成了华人社会的准政府组织。东华三院的这种组织形式，在性质上跟东莞明伦堂、广州九大善堂的这个传统其实有一脉相承的关系。正是由于东莞明伦堂不是一个特例，而是能够代表那个时代一种历史趋势的典型，隐含了中国的传统国家到现代国家转变的一些基本原理，因此从东莞明伦堂的研究中，我们有可能了解到中国独特的现代国家形态的历史渊源和发生机制，透过东莞明伦堂去认识中国现代化的历史，对于探索中国现代化的独特道路有着特殊的价值。

最近一些年来，历史学界对地方性的民间组织的研究逐步深化，不过，在很多地方看到的这种组织，大多还处在早期形态，在很多方面发生了局部性但不成熟的转变，而东莞明伦堂是这类组织中比较成熟的一个，面对民国时期复杂的社会转型和政治局势，形成了一套适应的制度和运作机制，甚至在一些方面逐步生成了一个地方自治政府的某些特性。

表面上看，明伦堂的权力仍然来自政府的授权，但实际上，主持明伦堂之人的势力，甚至还凌驾于地方政府之上。这个过程反映的转变，不只是一个局限在东莞的问题，它背后也呈现出当时整个广东省的政治格局的动态。东莞明伦堂的影响力，同广东省的各种政治派别的明争暗斗，以及省港澳地区的整体社会状况，都是紧密联系在一起的。

东莞明伦堂档案与研究当代社会发展的关系，也有重要的现实意义。在国家正在推动的大湾区发展战略中，位于珠江三角洲核心地区的东莞在大湾区的经济发展和地域整合的历史中，扮演着独特的角色。大湾区的一体化，不只是一个现代经济整合的格局，更多是在历史上特殊的省港澳关系下形成的。在1952年以前，这样一个地域的不同部分在经济和社会方面有很高程度的分工整合，东莞明伦堂的运作和影响，很清晰地体现了这种关系的格局。民国时期东莞明伦堂的管理机构，就曾经把办事处设在广州；抗战时期，明伦堂管理委员会又曾先后迁移到香港和澳门；明伦堂的主事人，长期以广州、香港、澳门为其政治和社会活动的舞台，其中有些还是在广东乃至全国的历史上有着重要影响的人物。主持明伦堂运作的东莞人或非东莞人，活跃在广州、香港乃至上海，他们的生活空间和社会网络，体现了现在叫作大湾区的省港澳地区的中心城市之间及其与周边地区的关系。虽然在1952年香港与这个地区的人员流动受到限制以后，省港澳地区的整体性被切开了，但从历史来看，尤其是围绕明伦堂的运作，我们很清楚地看到了这个区域过去在社会、文化、人际关系上，在人的活动空间上，是如何高度一体化的。这种人的互动关系是我们认识大湾区一体化发展历史基础的重要视角。

明伦堂的研究，对认识大湾区的区域经济模式的深层结构，也可能发掘出一些有意义的课题。过去关于这个区域特点的研究，从文化、政治或社会组织方面着力的多，而明伦堂档案也许能够给我们开拓一个关于在经济的经营管理方面的研究领域。我们知道，明伦堂的运转，核心是管理万顷沙的沙田经营的机构，明伦堂运作的基本机制主要在万顷沙的沙田经营与地方公共经费的运用上发挥。在沙田经营中，地租和劳动力的管理如何进行，如此大规模的经费如何分配和支出，同很复杂的政治矛盾纠缠在一起，尤其是作为一个公共地产的经营管理与不同层级的政府和社会组织之间的关系怎么处理，等等，都可以从明伦堂档案中进行深入探究。东莞明伦堂的运作，既扎根于本地的社会结构，承袭传统的经营文化，又在新的经济架构中形成了与传统不同的经营模式。这种经营模式，呈现出深层次的结构性原理与新经济模式生长之间的内在联系。

我们今天面对乡村振兴的战略任务，是在近代以来乡村社会发生了巨大变革的前提下展开的，同时也是这个变革过程的自然延伸。如何实现乡村振兴，不可以仅凭从理论推导建立的理想模型去设计，而需要在深刻认识本地乡村社会的文化内核的基础上，形成接地气的战略和政策。所以，我们需要从近代以来乡村和地方社会的长时段历史中去思考。做社会研究的人，有一个使命，就是要立足本地文化传统和社会根基，阐明中国乡村的一些本质性关系和社会经济原理，使得乡村振兴战略能够与中国乡村社会最本质的原理和逻辑接轨。在这方面，我相信东莞明伦堂档案能够提供非常丰富的研究资源。

（三）

对于这样一个在清末民初的社会与政治转变中具有典型意义的地方组织的研究，一直以来在国内学术界没有得到应有的重视，甚至基本上不被学界主流所认识。其中一个主要的原因，是学界可以方便利用的史料不足。在前面提到的学者中，除了少数人曾经在东莞市档案馆的协助下，初步利用过藏于东莞市档案馆的明伦堂档案撰写过论文外，其他学者主要利用的是1911年陈伯陶重修的《东莞县志》中的《沙田志》和民国时期一些报刊资料。近年来，东莞市档案馆对明伦堂档案进行了系统的编目和数字化整理，为学界利用提供了很好的条件。然而，这批档案及其价值长期以来仍然未在学界得到应有的了解。要引起国内外学术界广泛重视，让东莞明伦堂进入近代中国的大历史视野，通过学术出版公开档案，让其进入大学和研究机构，使学界得以更方便地利用，吸引更多的学者展开深入的研究，已经水到渠成。

最近几十年，各种公私机构的档案的发掘、整理和研究利用，尤其是清代以后的县级档案的整理，取得了令人瞩目的进展。比较早进入历史学界视野的是四川的巴县档案和河北的获鹿县（今石家庄市鹿泉区）档案，近年来更多的地方政府和地方组织的档案也陆陆续续进入历史学者的视线，对学术研究产生了越来越大的影响。成效显著的如四川南部县档案、浙江龙泉司法档案等。这些地方档案的出版，不仅把这些原来在全国性的历史视野中寂寂无名的地方拉入宏大的历史叙事中，更重要的是，这些地方的历史，改变了人们对全国性的历史进程的认识，有力地证明了地方档案的保存、整理出版和开放利用，可以直接推动当代中国史学的新发展。

相对于一些州县衙门的档案和司法、经济等专题档案，像东莞明伦堂这样的由所谓"民间组织"逐步向一个现代国家机构或政治组织转变的机构的档案，我们比较熟悉的是一些地方商会的档案。我们有理由期待东莞明伦堂档案能够展现出与其他类型的地方档案不一样的历史面相，尤其是可以期望通过对这样一种机构档案的细致分析，探讨其中隐含的中国近代政治与社会发展的原理。从学术价值的角度看，对于东莞明伦堂档案，无疑应该超越地方历史或者地方历史文献整理的层次来认识其意义。

在数字化和网络技术已经成为信息处理和传播的常态化手段的今天，对档案进行数字化处理和建立资料数据库，向研究者开放，是开放利用档案比较理想的一种方式。但是，将这些档案整体影印出版，其必要性也是资料数据库无法替代的。首先，作为历史资料，研究利用的时候，最需要的是对资料整体地了解和掌握。研究者形成对史料的全局认识和获得整体感，需要通过阅读、浏览史料，在研读中反复比勘文本和数据，使用纸本书籍无疑是最为有效的形式。其次，影印档案并印装成书，可以为多个图书馆收藏，我们自己在大学读书、研究的经验告诉我们，存放在书库里供浏览的书籍，对于读者来说，会形成一种吸引力，引起读者的注意乃至重视，同数据库一般只是有目的地去查阅、检索不同，二者在知识传播上的效果有本质性的差异。再次，我们整理档案出版的目的，是希望更多的研究者从档案中发掘更多的信息，发现更多的学术问题，不断有新的发现，这样档案出版的意义才能够体现出来。研究者使用数据库检索、查阅，常常都是基于特定的预设和目的，这样会限制新问题的发现和延展；而以图书阅读的方式去利用史料，更容易形成新的问题和研究路径。最后，就一般条件而言，纸本文献保存的安全性也高于数字保存。也许还可以举出更多的理由，总之，简单说，档案资料的影印出版与数字化，对于保护利用历史档案，是相得益彰的，不可偏废。

毫无疑问，在今天的数字化时代，对这些档案的整理、开发和利用，还需要同时建设数字化研究平台。数据库的建设还不只是把图像文件放到网上供研究者检索、查阅，还需要在数字化基础上，建立起数据分析的工作，同时开发同其他文献数据资料的关联和相应的研究平台。明伦堂档案中还包括了大量直接的量化资料，如账本一类档案，主要的资料形式是相对系统化的数值。如果数据量足够大，而且具有系统性的话，这些量化资料的整理（尤其是数字化处理）可能比一般的文字档案整理要有更多的价值，也可以开发出与一般的史料文本资料库不一样的数据库。我们期待纸本的影印出版，可以成为以后的档案数字化建设的基础。

（四）

东莞明伦堂档案的编辑出版，可以追溯到清末民初，其时陈伯陶主持纂修《东莞县志》，得明伦堂沙田经理局资助。县志中破例附了《沙田志》四卷，前三卷为"公牍"，后一卷为明伦堂拥有沙田的田产记录（"税亩"）、税契登记（"照契"）和围名，另外还有万顷沙田图收录在卷首。这些公牍无疑都是清代东莞明伦堂档案中最重要的部分，而田产登记资料也显然来自明伦堂档案。不过，这些档案原件后世都无存了，县志中能把档案如此系统地保存下来，弥足珍贵。

现藏于东莞市档案馆的明伦堂档案，直接接收自东莞明伦堂董事会，是1949年后由东莞明伦堂董事会呈缴给新政府的。这批档案主要是1926—1949年的文件，中间也夹有少量清代的文书。其中以1943—1949年的档案相对集中和完整，1943年以前的档案则主要是由东莞明伦堂沙田经理局整理委员会移交东莞明伦堂董事会的文件，这类文件虽集中但大多不完整。有一部分属于日伪政权控制下的东莞明伦堂沙田整理委员会的档案，大致可以确定是抗日战争后移交的文件，亦有证明显示部分是战时作为情报所搜集的材料。现存东莞市档案馆的明伦堂档案计有549卷，共约15 000余件，主要为各种文书、表册。为了尽量保持档案收藏的原貌，我们采取了按照馆藏档号次序原件影印出版的方式。东莞市档案馆多年来在明伦堂档案的整理上做了大量的工作，尤其在编目和数字图像化的工作方面，为编辑出版建立了非常好的基础。在出版过程中，曾祥辉先生承担了主要的编辑整理工作，重新校订档案出版目录，订正了原文件中难免存在的归档错误、信息不确等问题。同时，整理者根据档案实际内容，重新依次著录了责任者、事由和时间，梳理了各档间的关联，为研究者更好地利用档案提供了参考。

档案中的大量文件都是东莞明伦堂董事会存底的各类发文稿，这类发文稿不仅有助于我们了解历史文档的具体内容，而且保留了大量拟稿者、判行者等相关人物批注的信息，这类无法在正式文稿中阅读到的细节，可以大大丰富我们对一些历史事件的认识。排印一般来说则较难呈现这些信息，这也是我们选择影印出版的重要原因。此外，档案中也有不少显然是其他组织机构的发文稿或正式文件，除部分无法判定内容是否与东莞明伦堂有关外，推测其来源可能有二：一是1949年以前东莞明伦堂董事会面向部分相关组织（如所资助的学校、医院）征集而来；二是1949年以后档案馆的工作人员在整理过程中，将其他单位与东莞明伦堂相关的文件合并其中，从而形成了今天所看到的这批档案的样貌。

在档案的文件类别方面，作为组织机构档案，有相当一部分是东莞明伦堂的组织办法、人事安排、会议提案、会议记录等，这些文件较为集中且有序，可以帮助我们相对整体地了解东莞明伦堂当时的运作。档案中还有较大部分是属于东莞明伦堂的收、发文稿存档，涉及各类公函、呈文、训令、指令、代电、译电以及个人函件等，这些文件可以有助于还原东莞明伦堂与相关人物、组织就各类事件的互动过程，丰富我们对人物和事件关系的认识。例如，1943年因"大耕家"陈兆兰抗拒加租，东莞明伦堂曾联络陈铁伍等人商讨秘密抓捕陈氏并对其他佃户施压，这类历史细节在信函中得到了很好的补充。此外，档案中还保存了大批表册、单据，这些表册集中记录了一定时期的沙田收入、组织经费等方面的数字，而作为报销凭证的单据也可进一步具体呈现数字的内涵，这对于研究民国时期的财政、物价等问题是相当有价值的材料。

从档案涉及的主题来看，东莞明伦堂作为近代万顷沙的主要管理者，其档案内容绝大多数都与沙田经营相关，既有涉及沙田管理事务的往来函电，也有具体各围沙捐、谷租等数字的记录，还有部分承佃人承耕沙田的批约底本等，是近年出版的较为集中与沙田相关的民国档案材料，对我们进一步深入了解珠江三角洲沙田的经营有重要价值。尤其是部分相对集中的个案材料，如围绕东莞中学校产牛侧沙纠纷的双方往来函件，可以有助于我们理解民国广东沙田的经营管理实态。

东莞明伦堂作为与宾兴会性质相近的地方会社组织，兴办和资助地方教育事业是其重要职能之一。档案中大量保存了教育相关的材料，包括东莞明伦堂资助莞籍学生读书、资助本地学校办学、购赠图书仪器设备等一系列事项的信函、表册，可以为研究民国地方教育提供丰富史料，乃至拓展研究视角。例如，在东莞明伦堂教育座谈会记录中，可以看到容肇祖、郑师许、陈安仁、邓植仪等民国知名莞籍学人对于家乡教育问题的关注与提议，有助于我们认识民国知识分子参与地方治理的过程。

如同许多传统会社组织一样，东莞明伦堂也积极参与到地方公益慈善事业中。这批档案中保留了大量东莞明伦堂在民国时期赈灾施粥、救助穷苦、举办医院等事项中的相关收支数据和往来函件，这类材料不仅对研究具体的赈灾经过和医院兴办有直接价值，而且对研究一定时期东莞自然灾害、民众体质也有所帮助。例如，东莞明伦堂曾资助开办中医施诊所，这批档案保存了1945—1946年十余年间施诊所呈缴的施诊月报表，详细记录了病人的年龄、性别、症状和开具的处方等内容，这类材料对于近代医疗史研究是具有重要价值的。

民国时期，东莞明伦堂也参与了许多传统会社组织较少涉及的领域，如兴办林场、农场，兴修地方水利工程，投资修建公路并举办汽车公司等。这类具有近代意义的事业，虽然并非东莞明伦堂主要的关注，但是也留下了不少相关的材料。这些材料不仅可以加深我们对东莞明伦堂的认识，对于研究民国时期广东的地方自治也可以起到一定的帮助，如通过东莞明伦堂与东莞县（今东莞市）临时参议会之间的往来函件，可以看到地方自治财政十分仰仗于这类地方公产组织。

除了东莞市档案馆收藏的这批档案外，据了解，广东省档案馆和中山市档案馆也收藏有少量与东莞明伦堂有关的档案。另外，在其他地方的公私收藏机构，估计也还有其他类型的东莞明伦堂史料文献，我们期待日后有机会也能够得到这些收藏者的支持，将更多的档案文献编入出版，以飨学界同道。

（2018年7月5日在东莞市"东莞明伦堂档案
学术研讨会"上的发言，后来增补作为
《东莞明伦堂档案》序）

◎ 传统乡村应守护什么"传统"

　　沙湾，是广州南部一处著名的乡镇，现在以"沙湾古镇"的标签名列中国历史文化名镇，地方政府在物质和非物质文化遗产保护以及历史文化旅游上做了大量的努力，相对于很多几乎荡然无存的传统乡村，沙湾的传统村落保护可以说是颇有成效的。20世纪80—90年代，我在沙湾做过长时间的田野研究，对沙湾的历史文化和传统风貌有较多的了解，近年来经常陪友人、学者和学生到沙湾考察，每次去到沙湾，我在为沙湾在现代化建设潮流中仍得以幸存下来感到欣慰的同时，也对沙湾传统村落保护的状况感到深深的遗憾。我目睹了乡村的传统在保护开发中迅速变质乃至消失，我熟悉的沙湾，逐渐离我远去。由于这个变化是在不同学科的学者、当地文化工作者和旅游开发者的不懈努力下发生的，因此这种消失更可能是永远不能逆转了。在忧虑失落之余，我自然对传统村落保护冒出一些思考，这里仅谈一点片段的想法。

今日的所谓"沙湾古镇"，是珠江三角洲一个远近闻名的大型乡村聚落，称为沙湾乡或本善乡，今天作为市属区辖下的镇以及行政区所在地，称为沙湾镇。沙湾古镇的保护开发，目前主要是以沙湾北村为主体。从"沙湾古镇"的导游地图中我们可以看到，图中标出的景点范围，大致以留耕堂 /玉虚宫—车陂街—何炳林院士纪念馆—仁让公局—清水井—三稔厅—文峰塔为其主要景点。这些景点，分布在沙湾镇的地理中心，就这些景点在当地社会的角色而言，包括了本乡的行政中心（仁让公局）、市场中心（安定市）、沙湾大族何氏的最早定居地（清水井）和大祠堂（留耕堂）、社区文化中心（三稔厅），把这些点作为"古镇"保护开发的重点，自然没有错。然而，这些景点之所以被重点划定，主要是因为它们刚好都分布在这个中心区域，景区设计通过这些景点展示的文化意象，是祠堂建筑、旧街道风貌、本地特色文化、历史名人和所谓"耕读文化"。以一般的传统村落保护开发而言，表达这样的"传统文化"，好像也属内容充实并富有特色。

我相信，沙湾传统村落保护和开发的规划设计者，一直是很努力地要保存和重现传统，于是，青砖屋、蚝壳墙、锅耳墙、祠堂、老巷都尽可能留下来了，广东音乐、姜撞奶及其他沙湾美食，也成为展示的重点。这些当然都是"传统"，不过，这些都是读书人观念（或想象）中的岭南（现在还弄了一个时髦的词叫"广府"）文化传统，甚至是读书人想象的"中国文化""乡土文化""传统文化"，并非扎根本地脉络的传统，即使一些本地的事物，如"广东音乐""姜撞奶"，由于抽离了本地的生活场景、生活经验和历史语境，也变成一种没有传统的"传统文化"符号。这样一种保存和展示、体验方式，使得保存下来的乡村，从整体格局、空间和景观，到具体的内容和特性，都失去了本地传统乡村的灵魂和特质。这不仅是沙湾一处的现状，在当前传统乡村保护与再现中，各地的"古村""古镇"都存在这种趋于同质化、令乡村失去本身特有的性格与魅力的通病。

以我将近 30 年前在沙湾调查留下的记忆，沙湾是一处有着自己独特的历史文化的乡村，她的特色，她的历史，透过乡村的聚落格局和景观、乡村的建筑、乡村生活的情调、村民的仪式活动等丰富地体现出来。这篇短文，不可能全面讨论沙湾的历史文化，我只举几个例子，从被保护和开发的历史文化遗迹遗址的缺失，看看沙湾本地的社会文化传统被"遗忘"的现实。

例子一，沙湾以大宗族发达著称，现在沙湾传统建筑中最美轮美奂的，就是何氏留耕堂，但是，要了解沙湾的宗族社会，如果只知道何氏留耕堂，无论其建筑多么恢宏，都不能够真正展示这个地区的宗族社会。沙湾其实是由所谓"五大姓"构成，而何姓是最大的宗族，但实际上比较具有实体组织意义的，是何姓下的五大房；同时，何氏宗族的机构除了作为祭祀空间的大宗祠留耕堂外，还有作为政治和司法机构的树本堂以及作为财产管理机构的大宗馆。五大姓中，宗族的形态及其相关的祠堂建筑的历史和形制都各有不同。这些不同，呈现出来的宗族文化要比起只展示何氏留耕堂要丰富且有趣得多。但最令人遗憾的是，五大姓的大祠堂，只有何姓的被重视，王姓祠堂在景区之外，李姓祠堂保护较好，但也没有列入景点范围，黎姓祠堂似乎被拆除了，还有一个很小很简陋的赵姓祠堂，本来有特别的文化意涵的，好像也没有得到保护。

例子二，沙湾的飘色，其实是沙湾北帝诞游神仪式的助庆活动，今天把飘色单独抽离出来，作为这个活动的主体，连日期的确定也不再同北帝祭祀相关，已经改变了这个仪式的内涵。此外，原来沙湾全乡共同祭祀的北帝，并没有一座固定的北帝庙，而是各坊里按年轮流在本坊里奉祀。现在，这种制度无疑是不能延续了，把留耕堂旁边的一座小祠堂改造成为玉虚宫（北帝庙），作为一种因时制宜的方法保存了本地奉祀北帝的传统，无可厚非。但是，飘色活动脱离北帝祭祀仪式，沙湾的一些与轮流奉祀传统有关的遗迹完全没有纳入保护和展示的范围，这个在本地文化传统中很重要的内容就大大淡化了。

例子三，沙湾在传统时期以财富雄厚闻名，过去远近流传的"沙湾何，有仔无忧娶老婆"的谚语，彰显着沙湾的富有。沙湾今天引以为豪的广东音乐、沙湾飘色以及美味精致的食物，都是以这种富足的生活为物质基础的。沙湾的财富，来自这里的大族大规模地占有和经营其东南方向不断生长的广袤的沙田。毫无疑问，随着时代的改变，这个条件今天是不可能存在了，也不可能再恢复并延续下去。但是，如果要表达沙湾的文化传统如何形成，要保存这些传统的特色，不应该把沙湾和沙田的经营的历史完全埋没。其实，虽然不能把沙湾过去占有的沙田保存在这个乡村中，但这个乡村与沙田的联系以及同沙田经营相关的遗迹还是有不少的，特别是在沙湾南村现存的"大耕家"的园宅第舍，还有沙湾邻近的沙田疍民村落，其实都应该在沙湾传统村落一体性保护的思路下开发并以适当的方式表现出来。

除了上面指出的一些例子外，还有不少对于了解沙湾文化而言也是不可缺少的内容。例如，与当地的自梳女风俗相关的姑婆祠，沙湾名吃姜撞奶生产的重要环节水牛饲养场，与沙湾的风水传说相关的周边山地、坟地和自然景区，等等。

我列举这些例子，不是要说传统村落保护开发一定追求全面、完整。我关心的焦点，不是要追求景点的"齐全"，而是要尊重与珍惜真正属于本地的历史。只有通过这些能够把历史文化的本相整体性地表达出来的景点和统筹安排，才能够讲述好一个本地的"故事"。一个传统村落的文化生命力，应该是由这种"乡村故事"才能维持和延续。这样地方性的、在地化的"乡村故事"，才是真正的乡村传统的灵魂所系。

谈到这一点，就牵涉到传统村落保护中可能存在的一些今天在传统乡村保护上的观念上的分歧：传统村落的灵魂和价值，究竟存在于她的"民间性"上，还是存在于所谓"民族性"上？许多地方政府，要保护和开发传统村落，总是相信甚至迷信专家学者，认为他们能够提供高水平的知识和学术支撑，而我们的一些专家学者，很多人其实并没有当地的研究经验，缺乏地方性知识，更对地方性和民间性缺少足够的亲历情感和理解，只能用自己关于传统的一般性知识来构思和指导传统村落的保护。在这样的情况下，对传统村落的认识和保护取向，往往都朝着相同的方向，制造出同样的面貌。在缺乏地方性的乡村故事支持的认知下，由专家或专家创造的知识重塑的乡村传统，被赋予了超越本地乡村社会的社会文化和政治的性格，按照被乡村社会以外的人的想象和期待去创造性"保存"，民间性、草根性和地方性逐渐消失，脱离了本地人的生活，脱离了社区情景，成为展示现代人想象中的"中国乡村"或"民族风情"，给外人观赏和消费，而越来越远离传统的"传统乡村"。面对这样一种现状，历史学者、人类学者以及民俗学者，可能都会从不同角度表达不同程度的不满，甚至经常会对地方政府和相关机构表现出批判的态度，不过，我们也许应该反躬自省的是，这种通病的根源是否出在我们的学者身上呢？我们需要努力的，是投入更大的兴趣和精力，去研究不同村落的历史和文化，乡村的传统，需要通过讲述乡村的故事来表达，只有扎根于本地人的生活和本地社区的历史，传统乡村才可能真正生存下去。

（2016 年 10 月 29 日在阳朔"跨学科沙龙：
现代化背景下传统村落的存续"上的发言）

◎ 建筑与历史记忆

我今年（2015年）暑假参加了云南大学举办的一个人类学研习营，主题是关于记忆与历史的，今天有机会参加建筑学者举办的这个也是关于历史和记忆的沙龙，我觉得很幸运。作为一个主要从文字记录中翻找记忆的历史学者，能够在这么短的时间里，走入人类学者和建筑学者的视野，学习从现实生活和建筑实体中寻觅记忆，实在是学术生活中的享受，所以首先应该感谢冯原给我这个机会。

今天大家越来越对记忆的问题产生敏感和兴趣。现在社会变化太快，我们所在的世界，过三五年就焕然一新，我们在个人生命能够经历的时间里，经历过的变化太大，而且变了一番又一番，二三十年前的事情，已经很遥远。虽然大家都对自己的记忆很有信心，越来越喜欢怀旧回顾，但常常将今天的或者比较近期的状况套到几十年前的情景中，出现很多记忆的错乱。于是，我们发现人们在重视记忆的同时，也是很容易失忆或者记忆错乱的，于是就产生了对记忆问题的紧张。我在云南大学那个研习营上谈到一个意见，我认为，虽然大家坚信历史就是过去的真实，但是这种真实需要通过记忆才会存在于今天，并且需要通过将记忆用某种方式表达出来才成为"历史"。所以我们可以说，过去的一切，只有成为人们的记忆，才会成为历史，如果没有历史记忆，也就没有历史。反过来说，今天我们认定为历史的一切，其实都只是我们记忆中的真实。当时，有同学提问，过去发生那么多事情，大家都忘记了，难道那不是历史吗？我回答说，既然大家都忘记了，当然就不是历史了，过去发生的事情，其实绝大部分都是会被忘记的，我们的历史从来不包括那些已经忘记了的事实。同学再问，那再想起来呢？我答，再想起来当然就是了，因为记忆恢复了嘛！当然，我们说的记忆，不仅仅是在有生命的人头脑里的记忆，还包括通过已故的人留下的种种信息、符号而留存下来的记忆。如果记忆是以文字记录的方式存在的，就不一定是今天的人们头脑里的记忆，而是过去人们记录、表达出来的记忆。这种通过各种媒介留存下来的记忆，在被接受的时候，有的会被重新解释，然后形成新的记忆。因此，记忆怎样存在、如何表达出来，不只是当下的结构，同时还是一种历史积累，是不同时间的记忆

"层累"的过程。这个"层累"的过程，是记忆不断被延续也不断变异的过程。我们当下面对的历史，其实是这个过程累积到当下的一种结构。

历史学过去处理的多数都是文字的文本，现在我们也越来越重视图像、符号和语音，甚至气味和味道。建筑作为一个实物，既是图像，也是符号，是多种符号的集合。因而对于我们历史学者来说，建筑是一个更有意义的记忆载体。也许人们会认为，建筑是过去的"当下"建造出来的物质状态，因而建筑最能够直接反映过去的真实。这是不错的，这也是历史学者对历史建筑怀有特别的感情，特别不愿意看到历史建筑湮灭的理由。然而，不只建筑本身常常会在后来的历史中被改造，更重要的是，建筑的用途、建筑的主人或使用者、建筑内外发生的事情、建筑的意义、建筑的环境、建筑的群体结构以及形成的景观等，都会随着时间的延伸发生种种的改变。在这个意义上，作为有文化意义的建筑，其实也可能是一种变动中的历史记忆。当下我们面对的，通过建筑呈现出来的历史，也是一个在后来的历史进程里被选择的结果。这种选择包括两个方面，一个是有意识的选择，一个是无意识的选择。比如，广州现在留存下来的大量革命遗址，很明显是 1949 年以后有意识的创作，是在革命意识的主导下保留下来的。这种意识赋予建筑新的意义，也在留住革命历史记忆的同时，抹去了大部分的，尤其是日常生活领域的历史记忆。当然，更多的历史建筑，是在无意识选择过程中留下来的，这种无意识，无疑有很多偶然的因素，但其实也是在不同时代、不同的政治经济条件下和不同的意识形态、文化价值、审美倾向的左右下形成的。这种无意识也是一种有意识，只是这种有意识不是那么直接作用在建筑的存废上。以广州城内外的建筑为例，因为大家曾经认为西关大屋是广州建筑的代表，结果大量非西关大屋的民居建筑就被遗忘了，实体也渐渐湮灭了，这也许是无意识的，但也是在特定意识支配下的结果。

其实，毁灭、消失、改变，本身都是历史的流动。在近年来急剧的历史变化中，广州的很多建筑都消失了，保留下一些所谓有代表性的，或者被认为是典型的建筑，这是令人遗憾的。但在我看来，这种遗忘，本身就是历史。所以，历史学者虽然对旧建筑情有独钟，但是更多要做的努力，是观察历史，保存记忆，尤其是借助不同的媒介去保存记忆。但这个努力，本身就是制造遗忘的过程，历史学者不可以认为自己有能力保存所有的事实。有一些文史专家，喜欢坚持凡是老的就是好的，或者只要是旧的都不能改变，但他们的判断，其实是以自己的记忆为标准，只是要把判断的权威控制在自己手上而已。我要质疑的是，对于一个历史学者来说，难道这个世界什么都不变就是我们的价值吗？其实，如果什么都不变，我们就没有事做了，就失业了，历史就没有了！不过，不要担心，人类不会按历史学者的期待生存的，所以，聪明的历史学者，宁愿花更多的精力做历史的旁观者、理性的思考者，这样才能真正承担起忠实的记录者的角色。不改变的历史是假的历史，因为历史永远在往前走，往前走就一定不断有大量的东西被遗忘掉、消失掉。在某种意义上，历史学的工作不是增加记忆的工作，而是处理遗忘的工作。也许对于建筑史学者来说，关注历史学家处理遗忘的工作会更有帮助。

最近，我们看到很多学科的人都在关心历史，都在介入历史学，这令我有一种感觉，就是历史学者如果不能明白在大家都对历史有越来越多关注时自己在扮演什么角色、应该或能够做些什么，就可能会被其他学科的人抛弃。现在，建筑学家、社会学家、经济学家都在研究历史，面对这种状况，一些历史学者可能会有点酸酸的感觉，但我觉得我们自己首先应该反省，这种情况其实是我们能够提供给其他学科的历史不足以回应其他领域学者的关怀，也许历史学者也没有足够的能力，所以我们需要从其他学科学者的历史观察和思考中学习。目前人们的历史观念，其实不是历史学者建立起来的，而是由生活在今天的人，在今天的场景和处境下形成的。如果我们有历史专业的技能的人，不能随着现代人的历史观念的转变来思考和调整自己的研究兴趣，甚至改变研究范式，就不能与现代人的历史观念合拍，就会被大家抛弃。所以，我很有兴趣参加今天这个沙龙。

讲到历史观念与当下历史发展的关系，在建筑与历史的领域也能找到例子。当我们今天解释 20 世纪 50—70 年代的建筑的时候，我们都非常清楚，可以最直接地归到那个时代的政治和意识形态的背景中。如冯江刚才讲的，广交会的出现是由于中国当时需要外汇，在与世界隔绝的情况下需要一个窗口继续同世界联系，这是对的，但其实也可以倒过来说，是因为当时的中国要把大门关起来，所以才有了这个交易会，交易会也是封闭中国的产物。那么，封闭的中国为何在广州打开一个小洞，我们可以从广州的特殊地位中得到答案。在抽离了国家的情况下，广州其实是环南海周边地区里面的一个港口，但把国家的架构纳入我们的视野，广州又长期是中华帝国通向世界的口岸，它其实是在这两个圈的历史节奏中来发展的。这样一个历史视角，也许对理解广州的建筑历史是重要的。

历史学者的工作怎么样才能够对以后多点贡献，是需要有很多新的或者说适合当代人的审美、价值、意识和情怀的，我们要去不断地改变对历史的认知。以广州为例，最近这十几二十年，大家对广州的认识似乎越来越与我们这些在广州生活了几十年的人的感觉不同，这也许就同记忆的改变相关。例如，有人说，"十三行"比"五层楼"更能象征广州，其实，"十三行"只是一个在文字中的记忆，"五层楼"却是实实在在作为广州象征的建筑，是广州居民真实的记忆。20世纪80年代的广州，无论是建筑还是城市景观，都是民国味道的。五六十年代的时候，广州以外的人对广州的了解，大多是从电影《羊城暗哨》中获得的，这是现在五六十岁以上的人的记忆。那个时代看过这个电影的人，都会被里面景观和街道的气氛感染，感觉到广州与中国其他城市的不同。现在，很多不太读书的人，甚至包括很多年轻的小资情调的人，总是脱离历史脉络去追求一些东西，用今天的想象加上脱离历史脉络的历史书写，去重新制造"广州"。在这种情况下，作为一个历史学者，应该反省，我们在记忆、历史和建筑的重构与发挥方面，是不是没有做好，以及还有哪些方面应该更努力。

（2015 年 8 月 29 日在广州原创元素
创意园"建筑·记忆主题沙龙"上的发言）

信口开河

◎ 从国家的历史到人的历史

（一）从国家的历史到人的历史

饶佳荣：刘老师，您和孙歌老师的对谈《在历史中寻找中国》很多读者都很关注，其中您倡导的"从国家的历史到人的历史"在学界引起了很大的反响，但对于操作层面，大家好像又有很多疑惑，具体应该怎么着手才算是"人的历史"？

刘志伟：这不是我首先提出来的。我们历史学实际的研究，大家做的其实已经是这样的。所谓人的历史，并不是我真正要讲的东西，但是如果不从这里讲起，我后面要讲的普遍性想象、制度史、中心与边缘、局部与整体等问题都带不出来。这些都是我讲了二十几年的内容。我是一个喜欢讲课而不喜欢写文章的人，所以这些并不是什么新东西。

我其实很想看看我比较熟悉的几位青年学者的反应。这本书 2014 年就出版了，很多人都看过，但是我觉得好像还是会把它理解为讲人还是讲国家，特别是大家习惯讲的下层、小人物啊，或者有人的活动啊，有人的故事啊，这确实是中国史学的一个特点。但人类学、经济学、社会学整套理论的逻辑，认识的逻辑，毫无疑问，都是从人出发的。我在书里面好像也谈到，经济学是从人的理性行为出发，形成对市场、对社会、对国家的解释；人类学更简单，就是从人的生育行为出发，绝对不会说是从国家出发，从国家衍生出或演绎出人的行为。我们历史学现在即使做人的研究，还是从国家出发，因为人是从国家演绎出来的，把国家看成一个行为主体，人只是这个主体的一个部分、一个代表或一个象征，所以还是国家的历史。

在古代，史本来就是一个国家范畴，从一开始，史官记录的就是国家的活动，为国家的行为提供一种认知、一套说辞。所以，（中国）历史本来是一套从国家的角度出发的知识。如果把"历史"动词化，它的主语就是国家，而不是人。但如果对经济学家、人类学家讲这个，他们会认为这些都是废话。我们一直很纠结的问题，是历史学是否要社会科学化，是否要用经济学、社会学、人类学的理论来研究历史，如果回答是要的话，就需要回到这些学科的出发点上，从人的行为出发去理解社会和国家。

"从国家的历史到人的历史"是我作为一个历史学者对历史学这个行当、这个学科的一个反省，但这样一种反省，对于我来说，是自然而然的。我自己读书和求学，从事学术研究，是从经济学入门的，所以对我来讲，进入历史学领域的时候，对于以国家为主体的这种认知方式，其实是很敏感的。我最早读的一些书，比如马克思的历史著作，像《路易·波拿巴的雾月十八日》这样的历史书，毫无疑问就是讲人的历史，我觉得非常精彩，这个对我的历史观影响非常深。如果你一开始是这样踏入所谓史学之门，那么走向"人的历史"也是不言而喻的。

以前在做关于"人的历史"的讲座的时候，我会提到所谓眼光向下的历史、劳动大众的历史、人民群众的历史、下层社会的历史、底层的历史，我是把所有这些范畴当作自我反省的对象，我觉得这些都是国家的历史范畴。所谓下层的、人民的、基层的、地方社会的，所有这些语言，其实是一套国家话语，所以我们首先要把"国家"搁置起来，回到有肉体的生命，这是我所谓认识论的起点。

我在这本书的"尾续语"里说明了谈这个题目的三点理由：

第一，"寻找中国"，意味着我的研究不以"中国"为一个不言而喻的历史主体，这是对谈前我要表达的立场；第二，既然中国不是一个不言而喻的历史主体，那么，我们深入其中去寻找"中国"的那个"历史"，逻辑上就不是"中国"的历史，而是由人的行为建构的历史，中国必须在这个历史中才能够被认识；第三，既然"中国"是通过历史来认识的，那么，不管这个历史是国家的历史还是地方或区域的历史，都是一样重要的，整体还是局部也都有着同样的意义，不会因为把中国当作整体，就要把区域看作局部，在这样的角度，普遍性问题和整体性问题都可以带出来了。

这是我一直坚持的立场。我自己从来没写过（一般习惯上认为的）人的历史。但是我认为我讲的制度史，是从人的行为出发去理解制度的运作及其演变机制，从而明白这个制度的。所以我说的"人的历史"，不局限在撰写具体人的活动的历史，而是要从人的行动逻辑出发书写一切历史话题。

我在讨论时常常喜欢引马克思、恩格斯在《德意志意识形态》中的一句话，我认为那是历史唯物主义最核心的内容，只有从这句话出发才能明白所谓物质条件的意思："全部人类历史的第一个前提无疑是有生命的个人的存在。因此，第一个需要确认的事实就是这些个人的肉体组织以及由此产生的个人对其他自然的关系。"[1] 我认为这是历史唯物主义者

---

[1] 《马克思恩格斯选集》第一卷，67 页，北京，人民出版社，1995。

最基本的原理。由此出发，才有所谓吃、穿、住的问题。接下来，"任何历史记载都应当从这些自然基础以及它们在历史进程中由于人们的活动而发生的变更出发"[①]，这就是我理解的从人出发的历史。

（二）"人的历史"的操作问题

饶佳荣：我注意到，您说这些内容您在课堂上讲了20多年了。我想追问的是，"人的历史"这个概念背后的学术史脉络是怎样的？

刘志伟：从梁启超提出要打破帝王将相的新史学来说，提倡要做人民的历史、民众的历史，但是这个层面跟我所强调的不太一样。提倡人民的历史、民众的历史，强调的是历史舞台上的主角，到了后来马克思主义史学盛行的时候，我们基本上把它转换成是英雄的历史还是奴隶的历史的问题，听起来好像是不一样的，但我以为其实是一样的。20世纪六七十年代提倡研究劳动人民的历史，在我看来，实际上是要做帝王将相的劳动人民的历史，到了我们讲眼光向下的历史，就转成了写普通人日常生活的历史，也就是我们中国讲

---

① 《马克思恩格斯选集》第一卷，67页，北京，人民出版社，1995。

社会史的那种取向。问题是，普通人日常生活的历史，是讲他们怎么吃饭、怎么穿衣，是一种社会生活史——社会生活史当然是有意义的，但这个意义必须回到这样一个层面：它有助于我们认识一个大的历史，即所谓社会事实是什么。社会事实并不是我们喝咖啡还是喝白开水，当我们喝咖啡或白开水的时候，我们作为行动者，是在一个结构里面的作为能动者的概念。我对能动者这个概念有兴趣，是想追溯能动者所处的结构。

赵思渊：王家范老师在纪念吕思勉先生的时候，认为吕先生是真正实践了梁启超的新史学，他特别强调吕思勉有一本《中国社会史》，这本书是很怪的，它既叫《中国社会史》又叫《中国制度史》。也就是说，在吕思勉的框架里，制度史和社会史是一回事。而社会史和制度史之所以能是一回事，是因为他认为，制度是在社会运行过程中做出来的一套东西。这有点像我们今晚讨论的，在认识论上是以结构来认识历史，而不是以权力关系来认识历史。

刘志伟：这个回到"制度"这个词的一种英文意思上也许很容易理解。system，这个"制度"不是我们传统制度史意义上的制度，它其实就是一个体制，在这个层面上，制度史与社会史可以是相通的。

赵思渊：所以王老师给我们讲吕思勉的时候，就非常强调这本书。

刘志伟：吕思勉是非常重要的一位史家。其实我的宗族研究的一个学术渊源就来自吕思勉的《中国宗族制度小史》，我觉得——可能是有一点夸张——中国学界对中国宗族制度的认识没有超过他的，哪怕是一百多年过去了。他的书里面讲得非常精彩，我们讲的东西其实他都讲过。如果说我们有超过他的东西，无非是我们有一些田野调查，但是在最基本的、原理性的解释模式方面，我们并没有超过他。

赵思渊：但是麻烦的是，吕思勉的东西既不能纳入传统的史学……打个不恰当的比喻，既不能纳入孟森先生写明清史的那种方法，也不能纳入后来马克思主义史学那套。

刘志伟：跟马克思主义史学在某些地方可以连接得上，但是他的成就其实不止于此，他超过了我们20世纪五六十年代流行的那种马克思主义史学。

周健：关于"人的历史"的提出，我2014年最早看到的时候，就跟梁敏玲讨论，我们都感到这个提法是很有冲击性的，我们俩不约而同地想到了岸本美绪老师主张的"方法论上的个人主义"。她可能更强调"主观"和"秩序",而您是更强调实际操作这一回事,强调"机制",但是从"人"这个角度所做的认识论上的反思,我觉得这里面是有相通的地方的。

刘志伟:你(按:指赵思渊)提吕思勉,你(按:指周健)提岸本美绪,其实我们都是从同样的……如果要说对史学范式的追求,我们确实是有同样的追求的。"机制"当然要讲"秩序","秩序"也需要"机制",两者确实存在相通的地方。我用的那个"结构过程",其实也是在这个层面讲的。为什么我们不用"建构"?就在于,这个东西不是人们建造房子那样的意思。

不过那句话不能扩大了理解,我还是觉得这是我们作为历史学者,反省历史学范式的转变的一个方向。而不是客观上有一个由什么历史到什么历史的转变,更多的是我们对史学范式的反省,以及我们对未来的史学研究的追求。

回到刚才说的实际操作层面,其实很简单的,就是历史学社会科学化。只要你真正是社会科学的方法,就肯定要采用以人为逻辑起点的方法。这是我刚才说的社会科学的基本的理论框架,肯定不是以国家为行为主体的。具体一点说,就是你看到任何一个制度,首先要问的是这个制度是怎么出来的,那些人面对怎样的处境,要解决什么问题,达到什么目的，为此他们采取了什么方法，为什么他们觉得这个方法能成功，他们在既有的规定下面、结构下面能做成一个事情。他们能做成一个事情，就会造成一种新的情境。只要这样去想，肯定就是人的历史。我们针对的国家历史，是不讲制度是怎样形成的，不讲中国人的行为造成了哪些改变，不讲那套机制，那个过程，只讲制度规定和规定下面人们怎么执行或抗拒，那个是国家的历史。

赵思渊：我想说在操作层面的意思是，比如说，制度史研究、经济史研究，我们并不天然地预设这些人一定要组织成我们已知的组织形态，而是，我们只是想知道他们要做某一件事的时候，他们要成立一个怎样的组织或采取怎样的方法完成这件事。在完成这件事情的过程中，他们自然会形成某种结构（和制度）。

刘志伟：前面那句话有问题。不预设他们的组织形式，道理上好像是对的，从政治正确的立场看是对的，但是这个预设是必须有的。因为没有这个预设，我们整个社会科学就垮掉了。社会科学其实就立足于这个预设。如果没有这个预设，就变成纯粹讲故事了，也就没有"结构"了。

赵思渊：对。我的理解是，如果讲成国家的历史，从国家的立场来看的历史的话，它的问题在于，它预设了人天然地就是要组织成那个样子，然后去行动的。

刘志伟：不是组织成什么样子，我们不预设。其实一定会组织成一个样子，这是一定的。而且一定是有结构在的。

赵思渊：这是社会科学的预设。但是，传统的历史学里面所讲的国家，一定是有某种组织形态的，这是不证自明的，而这个是我们要"破"掉的，不知道我这个理解对不对。

刘志伟：你一直用的是"某种"，"某种"是我们必须预设的，具体的这一种那一种我们不能预设。

侯鹏：国家是天然的合法性的代表，好像离开了国家之后，历史就无从写起。这样就制约了我们的想象力。对于国家的看法，仿佛构成了我们历史的全部意义，除此之外，人都是没有意义的。

刘志伟：对。比如我选择你作为我的研究对象，意味着你对于我认识这个国家，认识这个国家下面的部分或某个环节是有作用的。比如《王氏之死》，那是一个非常清楚的预设，他不是随便选一个人的。问题在于，我们现在一讲到人，还是会联想到个人的生命史、生活史，这个只是一个具象的说法。其实像我刚才说的，我从来不做个人史研究，也不写个人故事，甚至没有个人出现，但我认为我做的还是人的历史。

赵思渊：很多时候，审稿人或编辑会问你这个案例的代表性。这里面暗含的逻辑是，你之所以要做这个研究，是因为这个个案在既有的国家历史里面有它的重要性，所以你才去做它。

刘志伟：如果你说这个是特例，那就是没有意义的。但是，如果你说是人的历史，有生命的、有肉体的人，他创造出来的环境也好，关系也好，结构也好，来看他们怎么活动，那么我认识的就不是国家，而是由人的活动形成一种关系、一种结构，国家只是这类关系或结构中的一种。反过来，国家是一个在我们头上无所不在的存在，但这个无所不在，我们不需要由它来演绎出来。相反，我从这些人来演绎出国家，注意，我不是说归纳，而是演绎，我们很大的分歧是我们要从不同的活动去归纳，但是我认为这里是个演绎。

赵思渊：这就是科（大卫）老师反复批评的，我们不是要做很多区域的研究，然后一加一等于二，然后寻找最大公约数。

侯鹏：刘老师说这个观念的转变问题，他一说，我们都清楚。但是，对我们想做这方面研究的人来说呢，最重要的，我们是做实证研究。所有实证主义的研究，它最基本的一个理念，就是要把握它的社会事实，包括你对人本主义的关心，必须要还原成某种可以研究的社会事实，所以做制度史、做区域史的目的，就是要把人本主义还原成一项社会事实。（刘志伟：只有这样才是社会科学呀。）包括区域，岸本美绪说过，区域有方法论的一面。当我们从方法上谈论区域的时候，我们更多研究的是人的观念和实践。

刘志伟：对。所以，我那个对谈的逻辑是从这里出发，所以我说这个出发点不是最重要的，我更关心的是怎样以这样一种认识论路径，去认识中国。这个寻找，不是研究了很多很多区域，然后找到一个最大公约数。如果只是追寻最大公约数，最后会很失望的。因为结果是没有。你找到任何一个（最大公约数），我都可以举出反例。

赵思渊：我的理解，在操作面上，当我们做个案研究的时候，提问的起点是，我们想要理解某一群人如何组成一个结构，或者如何运作一个结构，这是我们做一个个案的起点。这是我们跟那些将个案研究作为中国研究之案例的做法的最大区别。

刘志伟：所以我后面讲到，我们所做的东西每一个都是整体，这样你自己就不用纠结研究对象是不是一个整体的问题。比如说，紫禁城是不是一个整体？你们质疑我们通过研究一个村子来认识中国，为什么不质疑通过研究紫禁城来了解中国？紫禁城各方面都是特例，并不具有所谓代表性。我的逻辑就是这样的。

申斌：我觉得您讲的国家的历史和人的历史，要想让读者理解得更清楚的话，可能国家的历史对这种认知论的批评需要区分出两个层次。刚才侯老师和思渊分别讲到这两个层次。第一个层次是指，从我们史学或历史书写的发展来看，它始终是以国家权力为支撑的一套书写体系，那么必然也就要依托国家这样的集体行动者来确认它在这个价值体系的梯度上的位置（和意义），这是一个层面。但是，比这个更深的一个层面是，刚才思渊提到，我们假定所有的人只有在这一种结构里面，只有依托（国家）这个集体行动者，才可以被定义、被书写、被研究。大家现在比较能明白的是第一个层面，就是，历史原来就是国家权力的一个体现。现在我们"破"掉这个就可以。但是，第二个层面必须单独拿出来强调。为什么？如果不强调第二个层面，即使"破"掉国家这个集体行动者，其他的集体行动者也会被拿出来当作一个不言而喻的书写对象，比如说宗族。也就是说，我们不能把某一个特定的集体行动者作为分析个人行动的不言而喻的（逻辑起点）。

刘志伟：这个我不太同意。集体行动者也好，个体行动者也好，政府也好，国家也好，村庄也好，或者社团也好，这些都可以。

赵思渊：我揣测申斌的意思是说，在传统的历史学里面，在操作面上选择一个题材，要不要做这个题材，取决于他认为这个题材在历史脉络里权力关系的重要性的大小。当然，到底哪一种权力关系在某个时代是最重要的，在不同的时代是不一样的。比如，可以认为是国家，可以认为是妇女，也可以是劳工大众，这是可以变的，但问题在于，它并不把国家或劳工或妇女当作一种结构，而是当作权力关系。假设说，今天大家认为妇女是这些权力关系中最重要的一种权力关系，那么所有跟妇女有关的题材就具有了先天的重要性。但是在传统时代，一般认为国家是最重要的一种权力关系，所以，所有讲到王朝的历史，都会认为只有跟王朝政治搭边，这个题材才具有先天的重要性。

刘志伟：但是……我不太质疑这个，比如说，妇女题材的重要性。

赵思渊：问题的关键在于，我们提问的起点是从权力关系出发，还是从结构出发。

申斌：形成结构的那个人的行为。

刘志伟：我认为我用施坚雅的例子是很能说明问题的，但是好像没有人注意我讲施坚雅。

赵思渊：您的意思是指史学界误读了施坚雅。

刘志伟：当然，中国史学界百分百误读。

赵思渊：他们从施坚雅那里读出来的，就是科老师百分百批判的东西。

刘志伟：他们从施坚雅那里读出来的，就是冀朝鼎的那套区域模式，就是把王朝分成若干地区，经济区是王朝根据自然条件划分的，然后王朝设置不同行政区的管辖机构。不能说这个理解是错的。但这是很典型的国家历史的一套逻辑。施坚雅其实不是这样的，他是从每一个人的行为出发，当然他所指的人是理性的经济人。其实施坚雅最重要的是他的沙滩理论，而这个在中国史学界几乎都不提及。（赵思渊：陈春声老师给我们讲施坚雅的时候，就是讲这个。）如果不明白他的沙滩理论，是不可能明白施坚雅的逻辑的。不然就会以为，施坚雅把某个区域分成九个层级的市场。施坚雅的沙滩理论，其实是经济学最基本的理论方法，就是把所有条件都纯粹化、均质化——沙滩都是均质的嘛，在沙滩上活动的人也是均质分布的嘛，假定我们每一个人都很理性的话，我跟你不认识，我不会太靠近你，但也不会太靠近他，所以一定会取一个恰当的位置，这样一定是均衡分布的。在均衡分布的情况下，这边来了一个老太太卖冰棍，那边来了一个老太太卖冰棍，两个老太太为了争夺市场，就会发生向哪边移动的问题，但肯定会再出现一种均衡分布的局面。施坚雅六角形蜂窝状的市场网络是从这样的逻辑出来的。这是很典型的从人的行为出发建立起一个关系或结构。施坚雅最重要的贡献在这里，这个不是他的原创，是他从地理学借鉴过来的，拿它来建构关于中国的大一统的解释，是他的贡献。

我上个月刚刚去了他做调查的那个地方，走了走就更明白了那里真的是这样的。他的好处呢，是把复杂的环境，比如水网啊、河口啊、山区啊，都均质化了。只有把这些地方都均质化，才能建立起这样一个抽象的模型。他跑到成都平原那个地方，刚好那个地方就是这个"鬼样"。所以他很自然将人类学一个实证的田野观察到的状况，跟这个抽象模型就连起来了。所以，我认为这就是一个很典型的，从人的行

266

为出发的历史解释。这是我讲课讲了 20 年的内容，现在是忍不住要把它讲出来。也感谢孙歌，她一直逼着我写，我说我这个人喜欢讲不喜欢写，所以她就说：那我来跟你谈吧。

申斌：我觉得，谈论从国家的历史到人的历史，如果区分两个层次，可能会更便于大家理解。第一个，您讲到"人的历史"，其实是在哲学层面来讲的；第二个，更加趋近方法论的层面。在社会科学里面，有两个路径，一个是新古典经济学或韦伯的社会学，是方法论上的个人主义，从某个结构环境下有自由意志的能动者出发；另外一个就是涂尔干，方法论上的集体主义，强调社会事实不能还原成行动者的个体心理，只能从社会事实来解释。无论哪个路径，都是合乎您主张的"从人的行为出发"的历史的。

刘志伟："从国家的历史到人的历史"这个标题可能容易引起误解。这个只是我作为历史学者的反省，我们应该从国家的历史走回到人的历史，并不是指认识上或方法上的逻辑。我反省的是，我们从入门开始，学到的都是作为国家的历史。

赵思渊：传统历史书写围绕的核心就是权力关系，而不是结构。

申斌：更不是形成结构的那些人。

刘志伟：如果能讲清楚做事情的那套机制，为什么那套机制重要，你就要明白人是怎样把那件事情做成的，以及人在那套机制下把什么事情做成什么样。（赵思渊：人类学者是不会问为什么要研究村子这种问题的。）所以，"机制"这个词在国家历史里是不会提的，因为它不需要从我们的个人行为出发，去了解结构。我之所以跟你们一谈，感觉我们是同路人，其实不管你们自觉也好不自觉也好，反正你们要理解这套制度，一定会想这个事情是怎么做的。

（三）如何理解宗族

周健：您这样的反思，和您当时理解宗族，是在"一条鞭法"形成的框架下才可以这样做出来，是不是跟这样的研究有关系？

刘志伟：当然。我真正关心的不是宗族，也不是"一条鞭法"。我关心的是一群人如果组织起来，不管他们是不是同一个祖先。我们要看一个社会，当他们是一群超出了个人或家庭规模的人群的时候，作为一个权利和行为主体，怎么样承担赋役负担。我很喜欢提到明朝人有一句话，说，在共同承担赋役负担的时候，父子是要争的，兄弟更是要争的，在亲身应役的制度下，面对不可计算的重役的时候，是你去承担，还是我去承担，父子兄弟之间也是要争着逃避的，因为你去承担了，就是你破产，我去承担就是我破产。所以明代的人要花分子户，这是大家逃役的一个取态。这是很简单的道理。后来，之所以不同的权利主体有可能登记在同一个户口下面，即使有连带责任也不担心，前提是这些负担是可以计算并按财产比例摊派的。为什么我要强调宗族在明代中期以后、在清代的重要性，因为只有在那时的"一条鞭法"制度下，大家才会真的登记在同一个户口下。虽然我在这里没有讲人的历史，但这个分析的逻辑很清楚是从人出发的。

申斌：我们说不可假定宗族是一个不言而喻的结构，就是这个意思。

刘志伟：所以我在那本书要定一个书名的时候，在发给主编的邮件里说，中国不是一个不言而喻的历史主体，我们需要解释这个东西为什么会出来，为什么会以这种方式出来，为什么出来的会是这个样子。（申斌：就是说，那种结构不是不言而喻的，先天的存在。）宗族的问题是我们最困惑的，总是有人认为我们讲华南是一个宗族社会……很多前年我跟郑振满有一个通信，郑振满一直说要把它发表出来。

我们两个人有一致的想法，我们都不认为，这个地方天然地是由一个一个宗族组成的社会，福建也好，广东也好，都不是。科大卫书中一开头讲宗族在华南的存在时，那几句话用的词是非常可以玩味的，首先，他说单姓村是一个常常被观察（observed）到不仅十分普遍而且是具主导性的乡村秩序，弗里德曼用"lineage"来形容（description）这种秩序，使（made）这个词为人们所熟知。清朝政府把那些声称（claiming）有共同祖先并住在同一地方的看起来是一个事实的群体称为（referred to as）"族"，令人们深信不疑（contributed to this belief），陈翰笙则将此描述为（depicted them as）集团地主，清水盛光等学者则描述（described）了宗族的规条，土改的时候，宗族被挑出（single out）作为特殊的案例。我在这里特别标出几个英文的用词，都用得非常微妙，可惜翻译成中文的时候，很难翻出这层意思。简单说，宗族是一个被我们观察到并辨识出来，作为一种事实叙述的范畴。我做过较长时间沙湾的田野研究，那里可能被认为是所谓宗族最发达的社会，但我在那里住了一年，感觉不到在当地人那里，宗族是一个跟他们日常生活有紧密关系的组织，他们做所有的事情，并不是都在宗族的秩序下，按照宗族的方式来处理的。当然，他们头脑里面很清楚，我是哪个姓哪个族哪一房的。但是在他们的日常生活里面，在他们的相互关系里面，这些都不是那么重要的，重要的还是五服之内的亲属关系，这个弗里德曼讲了很多了。这个真的需要有田野经验，才会有比较深的感受。

（四）明王朝秩序瓦解

饶佳荣：您和孙歌老师的对谈里面，您提到您的一个中心关怀，或者说您这么多年来的一个核心议题，是从明初到明中期的社会转型。我就很想了解，您为什么说明朝中期以后王朝秩序走向瓦解？

刘志伟：我的回答会让你失望的，最直接地说，大概我不会回答这个问题。不回答不等于我不讨论。这是因为我不认为自己可以给一个很自信的答案。每个人都可以讲自己的想法，但不要相信这就是一个最有力的解释、最正确的解释，何况这里面一定是好多因素造成的。王朝秩序是不是瓦解了，我想不能这么说，至于说到明王朝的灭亡，如果李自成不打进北京，清军是不是一定能打进北京，这个我们不好断言；有人说气候的变化在明清鼎革之际的重要性，不过气候的变化，是不是就是一个决定性的因素，我也不敢说；如果一定要说一个最重要的原因，那肯定是满人的兴起，至于这个兴起是否足以取代明朝，我也没法保证，但是一定要有这种势力起来。李自成打下北京，不见得明朝不复辟。清人之所以能打下北京，跟赵世瑜研究过的东江集团确实很有关系。整个东南中国，后来基本上是那帮人搞妥的。这些东西是历史的偶然性还是必然性，我讲不太清楚。

赵思渊：刘老师，这个问题是不是可以这样理解：最重要的问题，不是明王朝怎么瓦解了，而是说，无论明王朝亡不亡，您讲的由白银造成的变化，有哪些变了，有哪些没变，这才是最重要的问题。是这样吗？

刘志伟：讲到王朝秩序，在最基本的结构上，你把明清看成一个朝代也可以。尤其是，我们回到这个话题，把人当作历史的主体，那么努尔哈赤是一个人，尚可喜也是一个人，可能是很重要的角色，可能是偶然的，可能是历史的机遇。……很多年前，郑克晟老师写过一本书（按：《明代政争探源》），我是比较喜欢的，他就讲南方地主集团和北方地主集团，其实我们讲明朝跟满人的那种关系，在方法论上也有同样的用意。只要你不是说一家一姓，无非是讲不同的人、不同的利益团体、不同的政治群体，他们之间在历史舞台上角逐也好，竞争也好，协调也好，对话也好，我们讲历史，无非是讲这些东西，至于在这些人的活动过程，秩序、结构发生了什么变化，那才是我们的问题。

来一个清朝，不过是加一群人而已，其实我们也可以再加一群人，比如把"倭寇"加入明朝国家的历史，比如在西南，如果不是万历三大征打下去，我们哪里知道哪一种力量会加进历史进程。所以，明王朝秩序是不是瓦解了？朱元璋的秩序我们可以说它解体了，但是崇祯的秩序是不是瓦解了？

赵思渊："一条鞭"以降的秩序跟清代其实是通的。

刘志伟：我们如果把你这个话题，回到刚才的话题，也是一个例子。如果这样去看的话，它瓦解跟不瓦解，跟一姓一朝一家天下，那个变化并不是那么关键性的。

申斌：其实可以说，恰恰是明清王朝易鼎，使得明朝后期形成的这套王朝秩序真正得以延续和定型，因为，一个是刘老师经常讲的，明代朝廷层面上的制度变化受到祖宗之法的束缚，清朝没有这个思想负担；另外一个，明朝后期有藩王的问题，以及所谓士绅优免的问题，而清朝一进来，围绕明朝统治者产生的这些问题没了。

刘志伟：士绅优免权的问题，一个是改朝换代之后，明朝的特权阶层没有特权了；优免权没有，还是跟"一条鞭法"有关的。因为在"一条鞭法"之下，优免权并不重要，只是一亩地多几分银两少几分银两的问题，这个变化的发生其实还是来源于明朝。所以至少这两个方面都要考虑到。

（五）明清的延续与断裂

饶佳荣：这么说来，我又有一个疑惑，您这里提到的更多是明清的继承性是很强的，或者说清承明制。

刘志伟：这个是会引起争议的话题。

饶佳荣：对。而您和孙歌老师对谈的时候，您明确提到，明朝和清朝的国家权力对基层的控制是不一样的。

赵思渊：刘老师，您在对谈里说，您在这个问题上，跟学界的主流看法是不一样的。"我不认为清朝的国家不直接进入基层。……我认为通过这些政府的或民间的组织，清朝国家的统治非常深入地渗透到了基层。"我的理解是，地方自治就是清王朝对地方控制更严格的表现。

刘志伟：这个是我的观点。在座的这些人都是熟悉清朝和明朝历史的，明朝对基层几乎没什么控制吧，当然它培养了一大群缙绅士大夫，尤其是在江南，这些士大夫就代表了明朝，因此相应地，它没有制定出一套有效的制度来。而清朝对乡村基层的控制有效得多，严厉得多。原因很简单——我们这几个人多是做赋税研究的，我们可能都知道，明朝收不起赋税，拿财政没有办法，所以比清朝更头痛，而清朝则自信得多。其实控制严不严，不是看你一声令下大家动不动，而是看老百姓生产出来的东西有多少能够比较顺畅地落入国家的口袋。

赵思渊：这也是我想请教的问题，您所说的"控制"的意思，是指维持一种有效的秩序呢，还是一种非常强有力的对经济资源的汲取的能力？也就是说，"控制"的含义是什么？

刘志伟：两者是一致的。

侯鹏：我的理解是，维持老百姓自愿纳税的状态。

刘志伟：就是在一套常态秩序下的汲取能力。如果靠一种掠夺性的手段去劫取，就不能算一种常态秩序。明朝开始的时候，常态的秩序是以对编户的人身控制来实现的，后来编户逃亡多了，秩序就维持不下去，就要改，这就是"一条鞭法"。清朝继承了明朝这个变化的遗产，就不一样了，我们熟悉的几个东西，真的很有效的，一个是在我很久以前已经讨论过的在户籍制度改变的基础上发生的粮户归宗，明朝你试试看，并不是说明朝没有做过，但它是局部的，某些官员可能实行的时候很成功，但人一走，又变回去了，因为没有在制度层面确定下来；但是清朝这个东西，真的影响整个制度的建立，整个社会秩序的有序化。清朝如果没有这套秩序，康熙皇帝哪有那么自信。到了雍正时期，耗羡归公那套东西实际上明显是加赋，养廉银其实跟今天是一样的，这里面是有一套常态的、秩序化的能力。这两者都是必须有的，相互作用的，而不是靠朝廷凭借蛮力、暴力劫取的。

侯鹏：也就是让老百姓主观上有遵守的意愿。

刘志伟：这里面其实有很多层的意思。首先，我们总是想象以前国家的剥削多么重，其实我们知道明朝真正让老百姓不堪负担的是役，而役的不堪负担确实是不可预算的。当差的问题真的使大家必须逃避，必须抗拒。清朝总的财政规模，比明朝并没有多多少，这个要看怎么估算了——黄仁宇对明朝的财政收入做过一个估算，好像是两千多万两，我曾经做过的估算大约是四千万，可能偏高了，因为我用了我熟悉的地方的例子，把穷地方考虑进来可能没有那么多。清朝达到四千万的规模。（周健：这是18、19世纪之交吧，雍正之前没有那么高。）从黄仁宇估算的明朝两千多万到你说的清朝四千多万，大致可以在这中间取一个数，所以说它的这个基数并不大，如果把人口、土地以及作物的引进加进来的话，其实总规模并不算大。问题在于，明朝的财政危机并不是总规模导致的，而是财政结构导致的。所以在这种规模的财政收入情况下，可以说民众抗税的态度不像明朝那么强烈。

另外，在清朝，完纳田粮带来的一个结果是避免被抛出那个社会秩序之外，这是很重要的。有两条我始终认为是最基本的，也是大家都知道的，一个就是买土地，一个就是考科举。

赵思渊：其实梁方仲先生就讲过那个话，他说，在"封建"时代，人们购买土地最主要的目的并不是为了财富的保值或增值，但是他没有讲出后半句话，我想他的后半句话就是这个意思。

刘志伟：因为这里面牵涉到土地财产的问题。土地资源短缺，到了清朝才明显化。至于明朝，我认为江南有土地问题，但土地资源短缺在明朝并不是一个普遍性的、全国性的现象，毕竟那时还是有很多地方可以开垦。到了清朝，真的是几乎到了无地开垦的地步了，即使跑到山上去，也开发得七七八八了。这个时候，人无弃土，占有土地就成为某种权力第一位的象征，而在明朝还不是这样的，得到社会地位和权力就可以占有土地，尤其是在优免权的制度下。所以，在清朝拥有土地产权是很重要的，没必要为了其实并不高的赋税负担而大力抗拒。

同时，还由于科举越来越普遍。王朝对付老百姓的，最厉害的地方在于，一个是你有没有资格参加科举，另一个是你得到之后政府会不会把你这个资格剥夺掉。这个举措还是很有效的，毕竟你没有这个资格，没有功名，没有地位，你所有的社会权力都丧失了。所以面对那样的财税负担，民众真的犯不着对抗官府。这不是说他们不抗税，不逃税，这种现象任何社会都有。

赵思渊：所以您跟孙歌老师对谈的时候，就说明代和清代的社会矛盾的症结是很不一样的。明代的症结是逃役，是逃民的问题，到了清代，它的症结是流民的问题。清代的问题是不能有效地控制这些流动的人群，而明代的问题是不能控制住逃掉的人口，是这个意思吗？

刘志伟：是这个意思。倒过来说吧，明代要解决的是把逃掉的人抓回来的问题，清代要解决的是怎样把流动的人口纳进国家那一套体制，握在手心里。

赵思渊：我理解您的意思是说，清代后来覆亡跟这个也

278

有一定的关联。

刘志伟：清代灭亡，就是他们做的问题了。这个问题就更复杂了，里面有很多因素了，比如我们今天讨论过的货币的问题，市场的问题，包括整个财政结构的问题，等等。其实晚清财政结构的改变，就是一个很重要的问题。还有，就是康熙、雍正时期形成的那一套秩序发展到后来，形成晚清史所说的地方军事化或督抚权重加强的局面，用我们这代人熟悉的说法，事物的发展会走向它的反面。当然还要加上19世纪出来的很多新问题，包括外国势力啦，包括上海及其周边地区的兴起，整个国家的结构也真的变了。这是另外一个问题了。

（六）科举的重要性

饶佳荣：您非常强调科举在明清时代有很重要的作用，或者说对明清社会有很大影响，不过美国学者艾尔曼（Benjamin Elman）认为科举其实并不像人们想象的那么重要，不知道您怎么看？是不是随着时间的推移，科举的重要性有所改变，在唐宋时期还不是那么重要，到了明清时期越来越重要？

刘志伟：怎么说呢？我不知道艾尔曼讲的没有那么重要的影响，是在哪个层面上讲的。科举有多重要的影响呢？可以举一个大家都知道但好像没有点明的事实，现在我们到处看见族谱，族谱是拿来干什么的？族谱是拿来考科举用的。大家真的以为族谱是拿来敬亲睦族？其实是拿来考科举用的。道理很简单，考试的时候，试卷上要求填写始祖是谁，一般上溯五代，没族谱你怎么考科举。所以，族谱那么普遍本身就说明科举在社会上的重要性。但是，如果只是去算得到功名者的人数，尤其在地域分布上，你会发现是不均衡的，功名获取者比较集中在一些地方，如果在这个意义上说，科举可能不见得那么重要，但这就忘了，科举真正的作用不在于得到功名的多少，而在于这个社会认可同一个价值，就是要有功名，要在科举这条道路上争取我应该有的社会地位。

今天高考录取率已经很高了，回到20世纪80年代、90年代，那时候高考录取率很低，但不等于那时候高考不重要。不是说今天录取率高了，高考就比录取率低的时候更重要。对普通人来说，这个制度对他们在这个社会里的身份、地位、权力是一样重要的。

赵思渊：刘老师对谈里有一个例子我始终印象很深刻，他说传统社会就是提供了一个梯子给大家，所有人都在爬那个梯子，但是没有人觉得这个梯子是不对的。所有人都觉得我有机会爬到那个梯子上去，或者我怎么样把其他爬在梯子上的人踹下去、拉下去。

刘志伟：不管你爬没爬上，大家都知道必须去爬那个梯子，所以科举重不重要，要看你在哪个层面、哪个意义上来讲。一个国家的实际行政运作，是不是都要靠科举成功者来执行国家权力，进行地方管治？起码在一些所谓落后、边远地区，科举不太盛的地方，可能不是很重要，还有其他的机制。但是问题是，对整个社会来说，身份、地位、权力跟科举的关系就不是直接看统计方面的数字，很多时候还要从人们的心理层面、价值层面来认识。

申斌：非常有趣的是，在互不知情的情况下，刘老师用的是爬梯子的比喻，岸本美绪在《明清和李朝的时代》结尾用了一个极其类似的比喻：雍正皇帝手中抓着一根大绳子，全社会的人都在爬那个大绳子。所有人都在爬一根由皇帝最终控制的绳子，在这个意义上，是众生平等，人人平等。（赵思渊：机会平等，所以这些人就不造反了嘛。）一直到今天，大家做的很多事情，其实都是为了获得一种政治性身份，在那个秩序里获得自己的一个位置。反过来讲，从国家历史到人的历史，为什么走得这么难，是因为我们今天生活的社会结构里，最根本的权力组织还是国家。我们自觉不自觉地还是以政治性身份……

刘志伟：清朝灭亡到民国，包括新政改革、废除科举，其中 19 世纪中后期有一大批人，他们有别的渠道，他们毕竟有一群非正途出身的人，这群人的力量很大，有的甚至连非正途都没有，但他们已经在社会上扮演各种角色了。这也是清朝灭亡的一个原因。

赵思渊：我觉得陈旭麓先生强调的"中等社会"，是很多学者重视不够的一个概念。所谓"中等社会"，就是科举之外崛起的一批人，他们对自己有资格参与清末政治有很强的意识，他们给了自己一个身份，叫"中等社会"，这些人就是后来我们知道辛亥革命中最重要的一群人，比如新军、会党。

刘志伟：孙中山先生也是从这个社会产生出来的。这是 19 世纪以来非常大的一个变化，这个变化反过来也说明科举在原来的秩序中所具有的重要性。这超出了我们几个研究明清财政赋役制度的人的知识范围了，就到此打住吧。

（2016 年 11 月 14 日在上海的对谈）

◎ 社会经济史研究的转变

赵思渊：我们有兴趣您是怎样走上中国社会经济史研究的路的。您曾经和我们讲过您初次认识您的导师汤明檖先生时的情景，您说你进大学不久，在开门办学时，和汤先生住在上下铺，每天劳动之余，见汤先生坐在床铺上点读《宋史》，我们当时听了很动容。您也提到过曾经有财税实务工作的经验。我很感兴趣，最初是什么样的契机触发了您对市场、赋税这方面问题的思考？

刘志伟：我父母是在一个小县城从事财政金融工作的，我从小在银行的宿舍长大，中学毕业后，自己从事过财政、商业、工商行政管理工作，这些经历也许是我对经济史，尤其是财税与市场方面问题怀有兴趣的原因吧。我入经济史门之后，很早就听过李埏先生讲"商品经济史"的课程，认识到商品经济在中国历史上一直是非常发达的。20 世纪 80 年代中国社会科学院经济所的先生们有过一场我认为很重要，但后来好像没有引起太多重视的讨论，是关于中国历史上地主经济和商品经济关系的讨论。这些讨论引出了中国历史上的地主经济和我们后来看到的市场二者是什么关系的思考。经济所的老师们的讨论明确提出，商品经济是地主经济的题中应有之义，中国的商品经济就是在地主经济体制中发展的，他们没有把二者对立起来。在过去的理论里，通常是把地主经济等同于自然经济，而商品经济和自然经济是对立的，由此商品经济和地主经济也是对立的。是这些讨论激励着我们思考。

我读经济史研究生时，开始是和陈春声、戴和一起，当时老师期待我们师兄弟的研究有所侧重，分工是这样的：陈春声做市场、货币、物价，戴和做海关，我做赋税。我们同时在这几个方面开展研究，互相不断地去讨论，当时我们想的问题就特别多，这些基本构成了我们的核心问题，这段经历对我们有很重要的影响。

而且，我们的研究从一开始，就深受经济学传统的影响。陈春声是到上海跟着伍丹戈先生学数理统计，而我在北京的时候就以经济所为落脚点，后来到上海的时候，在陈绍闻先生的指导下，也常跟伍丹戈先生学习，我隔一两天就去伍先生家里请教。那时候，上海财经大学的胡寄窗先生的《中国经济思想史》也是我的入门书，还有他讲微观经济学、宏观经济学的书，是我们那个时候能够读到，可以由浅入深地去学习经济学的书。有了这些经济学基础，对于历史学界当时讨论的资本主义萌芽、明末清初三大家等，我们有一些自己的看法，这些看法的形成可能跟历史学背景的学者有很大不同。

赵思渊：您刚才讲到地主经济和市场的关系，20世纪50年代以降，国内学术界好像都将地主视作市场的对立面？英文语境中 landlord 和 farmer 应该都可以对应地主，可以分别视作土地的领主与农场主，而在中文的社会经济史里，"地主"这个概念是不是被复杂化了？

刘志伟：这牵涉到"阶级概念"的"地主"。早期革命理论是以生产资料所有制来划分地主，后来是讲剥削关系和政治立场。而土改实行的时候，划分地主是按租佃还是雇佣来区分。如果是雇佣关系，你雇人来种地的话，有100亩地也是富农，而若是租佃，就算是有30亩地，那也是地主。其背后的逻辑是，雇佣劳动是资本主义的生产关系，不是封建的，是进步的，而出租土地是封建的生产关系，是落后的、反动的。所以，涉及相关问题，要把它放在原本的逻辑、语境中去思考，不能脱离它。

赵思渊：所以，从 20 世纪 50 年代到 80 年代的社会经济史，很看重是实物地租还是货币地租，是分成租还是定额租，也是在这个逻辑里面？

刘志伟：对，是在同一套逻辑里的。因为在当时学术界的话语系统里，地主经济的落后性表现在，一来它是自然经济，二来它的剥削方法是腐朽的，而与这一套对应的就是实物地租。货币地租则是跟商品经济联系起来的。至于你问的分成租和定额租，这要从生产关系的理论上来谈，生产关系讲三个方面——生产资料所有制、分配制度和人与人之间的关系。从人与人之间的关系上来讲，分成租，因为地主要分成，所以他干预生产，直接奴役农民；定额租的话，地主可以不干预农民生产。极端的例子是关于江南的"不在地主"，认为地主不再参与生产过程、不干预农民生产，农民就有可能发展出农业资本主义。这就是这些问题背后的逻辑。

我们这代人学问没有做好，但对这些逻辑是非常熟悉的。现在你们年青一代也许已经不理解这一套逻辑了，因为没有这个经验，但是你做研究，还是要知道这里面是怎么回事儿。

所以，回过头来看前辈学者的研究，有些在年青一代看来可能是很陈旧的，但是如果把它放到当时的那套认知结构中去

看的话，他们其实是想要极力走出来的。比如，傅衣凌先生讲
"死的抓住活的"，还有李文治先生的很多认识——现在他被
视作非常标准的马克思主义经济史学者，其实你在理解了这套
逻辑之后，就明白他们是想要走出教条主义的逻辑的。

赵思渊：那么在您看来，社会经济史的研究从 20 世纪
五六十年代的传统，到后来您这一代学者关注的焦点问题，
其中的转折的关键点是什么？

刘志伟：在 80 年代，社会经济史学界在广东开过两次
我觉得具有划时代意义的会议。第一次是 1983 年，在中山
大学开的，主题围绕的是中国封建社会长期延续的问题。我
当时第一次作为会议工作人员，和陈春声、戴和负责操办具
体的会务。这次会议对我影响很大，让我认识了当时社会经
济史很重要的一些学者，他们现在若还在世，都有九十多
一百岁了。

当时会议发表的论文，很多是比较熟悉的论述，但我的
老师（汤明檖教授）提交的是关于户籍制度与小农的关系的
论文。他的原话我不记得了，他要表达的是，如果不了解户
籍制度，谈生产资料、地租，又或是小农经济等，都是没有
意义的。当时的经济史研究，大家都漠视户籍制度的重要性，
而他是强调这个重要性的。这其实也是梁方仲先生的立场。

讨论资本主义萌芽的时候，梁先生非常明确地说过，如果你不了解户籍制度、官营制度、专卖制度等，直接讲资本主义萌芽是不行的。在这次会议上，我老师说，你不明白户籍制度就讲小农经济，这是不通的。这种意见在当时的学者中是很少见的。我印象很深。

第二次会议是 1987 年在深圳开的关于区域经济史的会议。这个会的灵魂人物、实际主导者是傅衣凌先生。这个会值得一说的有几点，首先，这个会议召集到的中国、日本和欧美学者规模很大，因为傅先生的号召力很大，之后很长时间也没有这样的学者规模的会议。当时国内做社会经济史的各方学者大多都来了，欧美和日本的社会经济史学者也都来了，特别是后来成为加州学派代表人物的那几个人全来了，如濮德培（Peter C. Perdue）、李中清（James Lee）、王国斌（R. Bin Wong），等等。他们的发言对我们这样的年轻学者很有冲击力。其次，如果不是我孤陋寡闻的话，这次会议（是国内学术会议中）第一次以规定发言多少分钟、评论多少分钟的形式进行的。这种开会形式现在已经成为常规，但当时在国内应该是第一次。当时有些国内学者还不能接受这种开会形式。记得当时我在上田信做主持人的那个组，他长得年轻，日本人开会也很严谨，同组的有我们的一些老学者，发言时间一到，上田信就喊停，他们很生气。还有很重要的一点，这次会上基本确立了以傅先生为代表的社会经济史中区域研究的地位，区域研究在这时候被大家所了解，而且不那么边缘了。

赵思渊：我的印象中，当时不论在整个中国史研究中，还是在经济史研究中，专门研究某个区域好像还是比较新的想法。从 50 年代到 80 年代，区域史或区域经济史研究在经济史和古代史具有天然的正当性吗，还是始终被视作证明宏观过程的案例研究？

刘志伟：当时还没有案例研究这样的认识，更常讲的反倒是"有没有代表性"。当时我们做区域研究最被人质疑的就是有没有代表性的问题——你做这个地方可以代表中国吗？到现在还是经常有人提出这样质疑。我的反诘很简单——哪个地方能代表中国？

赵思渊：傅衣凌先生写江南市民经济的时候，有人这样批评吗？

刘志伟：在社会经济史，特别江南社会经济史里，一般不会被质疑，因为大家心目中讲中国明清社会经济，说的就是江南经济，所以不存在代表性的问题。当时也没有"区域经济史"的概念，我记得 1987 年的会议上有好几篇文章还在讨论应该怎么划区域。当时讲区域，想的是，中国太大了，区域之间差异也很大，需要分别进行研究，如果把一个一个地区研究清楚了，再用归纳的方法，就可以得出全国的情况。

谈到区域社会经济史，有两个会很关键，一个是前面提到的 1987 年的会议，一个是 1995 年在西安办的社会史的会，是周天游主办的。在西安的会上大家似乎有了共识，就是区域研究是做社会史的一个基本的方法。

就我个人来讲，以区域为单位来研究，在方法上，并不是一个需要质疑的问题。我年轻的时候喜欢物理学、生物学，我们都知道自然科学的实验，都是在很小的对象上进行的，自然科学不会问有没有代表性这样的问题。后来，我来做历史，我也从来不觉得我研究的局部是否会有代表性的问题，我比较喜欢"用区域作为我们的实验场"这个说法。

赵思渊：前几年讲谈社编辑的中国史丛书，翻译引入中国，影响很大。我印象很深的是上田信写明清史，其中里甲制度的内容只有一页。与此相对照的是，20 世纪 90 年代"岩波讲座"世界历史丛书中写 16—18 世纪东亚的一册（第 12 卷《东亚世界的展开》），由岩见宏主编，其中至少有三章是谈赋役制度相关的（"明代的乡村统治""税役制度变革""乡绅支配的形成与结构"）。这一二十年里，赋役制度可能已经不是明清史研究的焦点了，那么，今天怎么看赋役制度和明清史的关系？

刘志伟：我感觉，日本学者的明清社会经济史研究，重视里甲赋役制度，主要还是在日本的马克思主义史学传统中的，而上田信，还有斯波义信这一类学者，更多恐怕要连接到欧美的传统上。上一代日本学者讲里甲赋役，基本是在地主经济、乡绅支配、水利这几个领域中谈。而到了新的一代，他们有很多新的东西。上田信写的这本《海与帝国》，更多地反映了80年代以后对明清历史的视野和观念的发展。但是也不能说里甲赋役制度不再是日本学者明清史研究关怀的焦点，片山刚的图甲制研究，就一直备受重视。上田信这本书讲14世纪明帝国的构造、16世纪社会秩序的变化，都还是从里甲体制及其改变着眼的。但是，如你所说，明清史研究的焦点在最近几十年的确发生了明显的转移。这也是我这些年一直在想的问题。不过，中国的明清史研究同日本不一样，中国的明清社会经济史研究在过去其实对户籍赋役制度是不重视的，近年来倒是有转移到越来越关注户籍赋役的倾向。这种情况也许可以说明，尽管现在明清史研究的视野已经越来越拓展，但王朝里甲赋役制度研究还是不能丢。老一代日本学者研究里甲赋役制度奠定了很深厚的基础，新一代把视野拓展到更宽广的领域，中国学者过去不甚重视里甲赋役制度的专深研究，现在把很多课题的研究再连接到这个视角，我觉得这也许是学术发展同一进程中两个分流阶段之后的汇合。我们对明清社会经济发展的历史解释不能远离当时的社会文化背景和制度背景。比如，像现在的医疗史、性别史等大家认为热门新潮的研究，当然都是很好的研究领域，但就像梁先生当年批评资本主义萌芽的一些论述一样，如果所有这些研究不放回到当时的制度环境、社会经济体制、社会结构的脉络中，可以非常自由地解释看到的种种现象，就难以引出最整体社会历史的思考。如果真正要帮助我们理解一个时代、一个社会，尤其要理解那个社会内在生成的结构的内在联系性、历史延续性的话，一定要把它放回到特定的时空和语境中。如果我像你们一样年轻，我会给自己设定研究目标去弄清这个结构性的东西是什么。这需要好好想想。这也是我这两年强调贡赋体制的原因，虽然我知道这种强调甚至可能有些矫枉过正。

赵思渊：如果我们观察明清史研究的这种转变，如果要做解释，是不是有这样两个可能：一个是更多学者放弃结构化的历史解释，回到纯粹人文的历史描述的传统里；第二种是，是不是过去30年，我们已经讲清楚了赋役制度的问题，所以不再去讲了？

刘志伟：第一个情况完全可能。这要看你做的研究是社会科学还是人文，如果是人文的话，只要在情感上、思想上回到人文本身，这靠理解力、想象力，通过写作和汲取的素材就可以实现。现在这种取向确实也很明显。当然，我觉得这种努力是绝对需要的，甚至可能这个才是历史学的正途，因为历史学不需要解决那么多的伟大问题。但是我们做经济史研究，这是社会科学的领域，所以必须是分析性的。所谓分析性的，就是要通过概念框架去解释现象，要建立一套知识体系。这个知识体系除了事实以外，除了可以超越时空和人类一以贯之的人性以外，还需要落实到特定时空，落实到特定的结构中，需要用概念去表达，并且分析和建立概念之间的关系。社会科学的研究，我觉得不可能避开结构性的问题，包括这个结构的原理和原理背后的观念层次。从这个角度来讲，明清社会经济史的研究就不可能离开赋役制度，因为这个制度是实实在在的存在。

至于赋役制度的问题在过去 30 年的研究里有没有讲清楚，我认为是没有讲清楚的地方还很多。这个看法，也许无法说服人。我这样说，可能有点自负。大概二三十年前，我写过一篇讲摊丁入地的文章，其中观点跟以前的讲法不一样，但到现在都好像没有人在意我当时表达的观点。在我看来，"摊丁入地"的"丁"，是"一条鞭法"的产物，而所谓"摊丁入地"，在税制上至少有两重意义：一是赋税征课对象的改变，按丁额摊征地银；二是税种的合并，尤其是编派项目的合并。这两种的改变，可以是同时发生，也可以在时间上分离，先后完成。而康熙末到雍正乾隆时期的"摊丁入地"，主要是后一意义的改革。这种看法，对认识"摊丁入地"的过程及其意义，是非常重要的。

赵思渊：那对赋役制度的研究，您关心的焦点的问题是不是跟梁先生也不同？

刘志伟：具体的说法可能有点不同，但从大的解释来说，还是在一个框架里的。

就"一条鞭法"来说，梁先生强调的跟我强调的内容的确有点不同，但最基本的，比如说，"一条鞭法"如何改变了国家跟老百姓的关系，我是从梁先生那里得到启发去想这个问题的。过去讲"一条鞭法"一般说是以银为税，简单地将其看作是商业资本和资本主义的萌芽，甚至是市场经济的发展，没有任何分析的解释。那么，"一条鞭法"如何改变国家和老百姓的关系，把这个问题落实到更具体的研究，我后来做乡村社会的很多研究就是从这个思考出发的，这肯定是受了梁先生的影响。这种影响，不是说我直接重复了他的结论，影响我的是他提出问题的逻辑、思考问题的逻辑，这对我是一以贯之的、方向性的引导，也可以说，这是一种限制，因为我没跳出这套逻辑。梁先生做研究总是讲一方面如何如何，看到其发展的一面，另一方面又拉回来，看到其局限的一面，我做研究也有这个习惯。比如说，研究制度，除了要看《文献通考》《明会典》里的说法，还要把它放回到实际操作的层面去看看。

我觉得我基本还是在梁先生的学术脉络之下，但谈到具体看法，当然是有很不一样的地方。比如，在"一条鞭法"的问题上，我们最明显的不同就是对"赋""役"的理解，尤其是对所谓"丁"的问题，在这一点上我可能比梁先生走得远一点。比如，我讲定额化和比例赋税化，我印象中梁先生不是说没有认识到这些变化，他没有把这个作为很核心的内容，而我是把它作为一个核心问题去看的。另外，梁先生说等级丁税，我是说等级户役，这里有根本性的差异，我更强调户役，因为户是基本单位，我比较强调纳税主体和纳税客体，"一条鞭法"以前，主体跟客体是同一的，之后是分离的。

赵思渊：梁先生的行文中，多数情况是用"税"，似乎没有一定要去区分贡赋和税？

刘志伟：对，确实是的。不过，我也不觉得要去区分，"税""赋"这类概念，在明清文献中也没有真正清楚的区分。我喜欢用"贡赋"作为一个笼统的概念，只是因为"税"这个概念在近代越来越被赋予了清晰的定义，并且人们也习惯从近代意义的概念上去理解和使用"税",为免混淆,我才更愿意用近代以后已经少用的"贡赋"这个概念。梁先生一方面指出了"赋中有役,役中有赋"这个被我理解是"贡赋"概念的特质,这已经比很多人进了一大步;但另一方面,他这种表达仍然是在税和役、田和丁这样的两分法里。古人有所谓"有丁必有役,有田必有租"的说法,这样的表述,是把它看作赋役的基本分类,还是理解为征派赋役原则的表达?我倾向于后者,强调这是一个衡量均平的价值标准。表面看,梁先生可能不像我这样强调均平的价值。但其实他也是强调的。我的很多理解确实是从他那里得到启发,是他引导我往这方面去想。从孔子的话"不患寡而患不均",到明代所有的赋役改革,到清代的均田均役法,都是用"均"作为一个标准,实际上均田均役法本身并没有直接解决"均"派的问题,但所有的改革的目标都是面对这个问题:要如何才能达至均平的目标,用货币作为核算和支付手段也是因为均平的需要。

赵思渊:我觉得您很强调"均平"的概念和明清时期的等级身份秩序的关系。我想到另外一位对明清赋役制度中的"均平"概念论述非常精彩的学者,复旦大学经济系的伍丹戈先生。20世纪80年代伍丹戈先生有一本小册子《明代土地制度和赋役制度的发展》,您是否受到他的影响?

刘志伟：对，伍丹戈先生对我影响很多，有些东西是潜移默化的。我当年在伍先生家里真的是无话不聊，他们这一辈的学者跟我们谈了很多东西，具体的话其实我忘了，当年我们与现在的学生不同，我们同老师聊天只是倾听和思考，不敢做笔记，更没有录音。伍丹戈先生当时谈过很多关于江南均田均役的问题，他很强调均田均役对于理解明清社会经济的重要性。他谈的时候，我也是半懂不懂，只是努力去想，后来自己读史料，再做思考的时候，肯定有受到他的影响，一再思考他的问题。

我是把梁先生的东西往前推了，推到一个离规范的经济学体系更远的地方。我们做经济史研究必须面对的一个困境是，一方面必须用规范的经济学概念，但另一方面，要把这些概念往中国历史的实际情况去推。为什么很多时候我们觉得写东西很难写，就是因为我们用到的时候一不小心就回到了这些概念原本的语境中。而梁先生用的也是这些概念，而且他是在英语的语境中思考，他说"赋中有役"，这里面就包含了"tax"，但是"有役"又改变了"tax"的性质。而我用中文讲，就是"贡赋"。

另外我跟梁先生一个很大的不同，就是后来关于里甲制度、保甲的问题。思考这个问题的思路是从梁先生点出的国家和人民的关系这一点来的。国家跟人民的关系在里甲变质之后是怎样的？过去我们熟悉的说法是，里甲制崩溃，保甲法取代里甲法——这个说法延续了一百年左右。但是，去读文献，特别是读地方文献，就知道这个说法不对，不符合事实。我现在很高兴的是，年青一代学者看了很多地方文献，这个事实就是不言而喻的常识了。当年只有我一个人在自说自话，现在年青一代学者都知道。这个看法不能说它有多伟大，但是，我觉得是解决了怎么样从"一条鞭法"解释国家体制、社会制度的改变这一关键问题。

这要感谢片山刚。我做的时候没看到他的研究，其实他的文章发表很早，但那个时代我看不到日文研究，而且我也不懂日文。后来其实对我打击很大。我原以为这是我一个很重要的发现，结果片山刚在我之前就已经讲了。但我后来认真看他的研究，发现几个关键问题上，他错了。我为什么感谢他，是因为他像是一面镜子，让我把问题想得更清楚了，他认为这是由于宗族的发展、家庭扩大化，出现了一个金字塔的结构，我认为恰好相反。片山刚不知道户的性质的改变是因为赋税制度，看过他的研究，我就非常清楚我该怎么论述，就很容易把这个道理讲清楚。

赵思渊：均平和身份制的关系，到现在除了您之外，我觉得没人继续好好谈这个问题。其实明代文献里讲"均平"，背后是有一种对身份的预设的。

刘志伟：这跟我们这一代人的思想解放有关。70 年代后期，关于中国社会和西方社会，我们有非常多的思考，思考了半天，其实得到的结论在现在看来也是很平常，就是说，西方社会是人生来自由平等，而中国社会还是有一个身份制度，荀子有句话讲"人之所以为人者，非特以二足而无毛也，以其有辨也"，说人与动物是有差别的，差别在于人不是平等的。有这些思想的时候，我们还没有入行做学问，但这对我们来说非常重要。从 20 世纪 80 年代到现在，我都在引用这句话。所谓平等，不是我们有同样的权力，而是你在你的位置上，我在我的位置上，中国社会认为人有不同的名分、位置，我们要安分。中国社会中对于"均平"这套价值，其意义不是说人人一样，而是跟你的地位、社会角色相称。我们一般认为这是中国社会跟西方社会不同的地方。这些思考，在我们后来的研究中一直还有。

赵思渊：当下的经济史、社会史、文化史对明清社会中隐含的身份秩序好像有点忽略……

刘志伟：这就是经济史研究的尴尬之处，因为我们用的概念也好，分析体系、手段也好，还有各种模型、基本假设，都是在经济学的框架下的。比如说，市场经济的基本假设是每个主体是平等的，虽然后来制度经济学又把其他因素引进来去调整这个假设，但还是用同样的办法，把更多的因素引进来去修正假设而已。问题是，我们基础性的那套价值是不可计算的，不能简单地用加权的办法来计算，更多的还是相对的概念。

赵思渊：我们在今天还有可能对"一条鞭法"提出新的解释吗？

刘志伟：我不知道！如果问我，我认为我的研究已经解释得很清楚了。不过，我很喜欢光纤之父高锟（香港中文大学前校长）说过的一句话。他在接受一个采访时说，"我想没有什么系统能够代替光纤，光纤是最好的，在一千年之内，我找不到一个新的系统来代替它。我这样说：你们不应该相信我，因为我本来也不相信专家的说法。"我可以说，在"一条鞭法"研究领域，我已经走到头了，但你们年轻人要相信，你们可以继续向前，走得更远。

（2018 年 3 月在广州的对谈）

◎ 民间历史文献漫谈 *

图：刘老师，我们正在编写的这本书叫《民间历史文献整理概论》，其实业界对"民间历史文献"仍有诸多定义和理解，而且全国各地都出现了区域性的民间文献，如徽州文书、清水江文书、石仓契约等，您认为民间历史文献是什么？有什么要点就可以将某一些文献叫作民间历史文献呢？

刘志伟：历史学把一般史料归为两类。一类是别人写的历史，就是通常由他者书写，讲历史是怎么回事、历史发生了什么、经过怎么样、结果如何，这是在"写历史"；另一

---

* 本文根据 2019 年 9 月 11 日中山大学图书馆王蕾、叶湄、吴国良（文中简称"图"）对刘志伟的访问记录整理而成。文稿整理：吴国良、叶湄、韩宇、王蕾。文稿审核：刘志伟。

类是人们在历史活动中，通过文字处理生活工作中的事务，以完成历史活动，在实践中留下来的文字，这一类的文字内容更为丰富，跟刚才讲的"写历史"是两回事。通俗地说，我们在工作中，写的总结报告是一种史料；在日常工作中的发出指示，填表、报账形成的文字是另一种史料。在实践中，借助文字来处理实际事务留下来的文字和刻意用文字把已经发生的事情给记录下来，是两种不同的史料。

图：前者是第一手的、原始的史料吗？

刘志伟：不是这样区分的。刚才讲的史料，都可以是第一手的。不能说写给我们学校的总结报告不是第一手的，报告里写的是今年做了什么事，写的人要去想怎么讲更好，还有要求分成几部分，这也可以是第一手的史料。另外一种是在做各种事情中，比如填表、写信函、发邮件、发微信时留下来的文字更是第一手史料。所以，不是第一手史料还是第二手史料的问题。回到你们开始提出的问题，什么是民间文献，民间文献大多数情况下是这里说的第二种史料。在历史研究中，我们做社会经济史的，特别重视第二种史料，为什么？因为社会经济史研究的是各种社会关系、经济关系、社会现象和经济现象，都要看实际上人们怎样生活，怎么处理自己要面对的问题，用什么办法去处理，通过什么途径去处理，处理的时候发生了什么问题，又怎样去解决。这些内容不会由当时人记录下来，要了解这些，大多数时候要依赖于分析在这些活动中所用的文字材料，这就是我们所说的民间文献。

史料学上把史料分有意识史料和无意识史料：有意识史料是刻意去写人怎么样、写事怎么样的历史资料；无意识史料原本不是写给别人看的，而是要处理某件事情必须书写的文件、填的表格、写的公函，或者发布的告示，这些都是为了处理当时的事务而产生的。民间历史文献主要属于这一类无意识史料。我们从这种史料中才能够看见，或者说才能够从中探索人们的社会活动、经济活动、社会关系、经济关系。如果当时的人写了一大篇东西，讲了一通大道理，那我们还是不知道社会经济的实态是怎么回事。

图：民间历史文献与流传下来的官修文献有何不同？可以包括官文书吗？

刘志伟：如果是无意识史料，就不是官还是非官的区别。官文书也是官员、胥吏在处理公务时形成的东西，性质上还是与民间历史文献属于同样类型的文献。所以，在广义上，我们所说的民间文献，其实可以不只是非官府的，也可以包括官府的文书。

从文献学传统而言，民间历史文献有别于传统图书馆的收藏，传统图书馆一般不会收这些东西，所藏多是前面讲的有意识史料。四部之书，包括正式出版的与抄本，大都是为了写书而写出来的。当然，其中一些如会要、典章制度类的文献也可以兼具有意识史料和无意识史料的属性。就其本身性质来说，它们是作为历史文献被有意识地写出来的，不是在实际操作中形成的，但我们当然也可以把官府立法过程、制定规章制度过程看成是个实践过程，那它们又具有这种无意识史料的性质了。

图：清宫档案属于哪一类史料？

刘志伟：清宫档案属于第二种，作为史料，主要的性质跟民间文献是一样的。它原本就没准备给后人看，而是各级官员之间、部门与部门之间来往的文字，这些文字不是在做历史书写，不是在记事，而是在办公。

图：既然很多档案可以看作是民间历史文献，那么，民间文献与档案又怎么区分？

刘志伟：广义地说，民间文献就是一种档案。但是在现在的档案系统里，就档案狭义的定义来说，一般是指政府部门形成和保存下来的文件。最近一些年，各地档案馆也注意收集民间文献了。档案原来指的是政府部门形成的公文书，私文书是不归入档案的。因此"民间文献"的叫法，有的时候是相对于图书馆、档案馆原有的那套规范的收藏范围而言的。因为这些东西原来根本不入法眼，被认为没文化，又没有正确性，错字连篇，总之，是不能登大雅之堂的。

图：您认为有没有一个更好的名称去表述这类文献?

刘志伟：我现在想不到用更好的名称，为什么呢? 严格地说，所谓"民间文献"的概念不是很严谨。首先，什么是民间，什么是官府，在传统中国，不是一个有清晰界线的分别。我们现在把某种文献叫作"民间"，其实只是相对于原来图书馆、档案馆的收藏而言。图书馆、档案馆原来的收藏范围是很狭窄的，这就意味着很多原本其实属于非民间的东西，也包含在"民间"里面。现在一般所谓"民间文献"，其实很多是官方文件，也是政府发出的，只是它保存在民间，从获得的来源这个意义上，我们将其归到民间文献中。所以，我们把原来公藏机构不收藏的，来自老百姓手上的文书，都归为民间文献。

图：徽州文书比较公认的断代下限是 1949 年，但我们

收藏的这些文献里有大量是 1949 年之后的文书，您觉得民间历史文献的时间下限应如何界定？

刘志伟：对于历史学者来说，没有什么下限的问题，因为历史本来就是一直延伸的。现在我们需要考虑所谓"下限"问题，只是从收藏机构的工作策略而言。在这个意义上，我主张最好是下延到人民公社时期，不一定需要明确具体年份。到今天，人民公社时期的文献也该要重视起来了，因为这些文献正在丧失之中。对历史学者来说，当这些文献已经进入一个逐渐消失的阶段，收集、整理这类文献就需要重视起来了。一般来说，如果文献正在消失，就要开始重视收集，消失到很罕见的程度，就要建立起专藏。民间文献的时间下限是随着时代的发展不断往后延伸的，不应该设限。

图：我们馆收藏有部分潮汕侨批，时间大多为 1949 年以后，您认为它是民间历史文献吗？

刘志伟：虽然目前侨批的界说还不是很清晰，但它依然可以算是民间历史文献的一种类型。民间历史文献的时间下限不一定要有明确的界定，很多时候只是眼前的策略，不要随便界定什么时间的才是民间历史文献。对文献学而言，我认为下限就是这一类文献已经在迅速地消失的时间。

历史不是处理记忆的，历史是处理失忆的。就是说大部分都失去了，我们就处理残存的那一部分，这是历史学者的任务。如果历史要处理记忆的话，我们根本无法处理那么多。事实上人类大部分的活动都没有留下来，最后就是要看在历史过程中，什么留了下来，什么留下来还会对后世有影响，这套机制是怎么样的，然后从这里去把握一点历史的脉络，只能这样，也很无奈。

图：进入近代后，随着科学的发展，民间历史文献中出现了很多关于科技的记录，这一类文献算历史文献吗？比如20世纪初研究地理的一些地质资料。

刘志伟：这些好像不能算，属于科技资料。民间历史文献主要是人们日常生活、生产留下的资料，严格说，不应包含学术研究形成的资料。这类资料是一种比较独特的文献，比如说地质调查所的那些调查记录，民俗学、人类学的田野笔记，都不能把它们当成民间历史文献，它们是那个专业的研究实践产生出来的文献，反映的是专业的活动。这类资料在一般意义上与民间历史文献所反映出来的内容不同。当然，这里肯定有很多模棱两可、模糊不清的地方。一个科学家写给他太太的信可以算是民间历史文献，而他在实验室的记录就不能算作民间历史文献。你就看是强调哪方面，如果他这封信说爱因斯坦的几句话，谈了一个科学的重大问题，那就是科学文献；但是如果这个科学家的信里谈这类科学话题，是同家人分享自己的工作生活和情感，那这就是他的家庭生活或者他个人的生活的内容了，也就是所谓民间文献了。

图：历史学已经有科技史，是否需要研究民间文献？

刘志伟：需要！因为科技史研究也必须要看科学家这个人，他作为一个普通人的正常生活、社会交往，但是做科学活动的档案、笔记、科学报告属于科学文献。一开始已经界定，民间文献是在生活、生产过程中用文字去解决问题、处理相互关系而形成的文字记录，反映的是日常生活。比如，道教教派中培养徒弟用的经典，本身是道教文献，而在我这里属于日常工具书，在这种情况下就属于民间历史文献。再举一个例子，如果我桌子上摆着一本《毛主席语录》，它就是我的民间文献，但是不等于《毛主席语录》是民间文献，也就是说，作为我日常使用到的《毛主席语录》是民间文献，不等于《毛主席语录》是民间文献，这个要分清楚。

图：民间历史文献收藏中包含法学的东西，比如律法文书、投词、投状等，该如何认定？试卷呢？

刘志伟：投词等是在民间作为与人们生活相关的东西而保存下来的，它不是从学术角度有意识书写的史料，因此应该算民间历史文献，但保存在衙门或司法机关里面的档案，比如说现在已经出版的龙泉司法档案，它本身是司法档案，不能视为民间文献。不过，司法档案里面常常也保存着在诉讼过程中作为证据的民间文书，当我们把它们作为资料来研究民间社会生活时，它们是民间文献；而当我们把它们作为诉讼证据来研究司法问题时，它们就是司法档案。还有，例如试卷，试卷本身的存在反映人们的日常生活、教育实践过程，可以是民间文献；但是如果一位老师把他的学生的所有试卷都保留下来，我们用来研究教育史，那这些就是教育文献，就与民间文献有所区别了。

图：那这些文献要如何分类？是否要完全颠覆原来文献学的分类思想？

刘志伟：文献如何分类不是我的专业范围，那是你们图书馆的事，但依我作为图书馆服务对象的角度来看，我想，建立民间文献的分类体系，既要在原来的文献分类体系的基础上进行，又需要建立起与民间文献相符合的范式和分类体系。比如，出现在民间文献中的四部之书可以全部归成一类，可以称为传统文献类或者传世文件类，不要再细分经史子集，而且分类体系应具有较大的可扩展性。

图：一件文书在内容上看可能属于好几个类别，这种情况要怎么处理？

刘志伟：文书有多重属性，这是不可避免的。你们正在处理的是徽州文书，但不要太局限于徽州文书，可以基于徽州文书整理提出一些想法，由这里发展出一种比较成体系的、新的民间历史文献学构想或者框架，这些构想和框架经过发展，最终到了某个时候就能够合理地、全面地涵盖所有区域的文书。

图：地方文献和民间历史文献有什么区别？民间文献属于地方文献吗？

刘志伟：民间文献当然是地方文献，但是地方文献不能等同于民间文献。所谓地方文献，就是在一个地方形成，并且是关于这个地方的政治、社会、经济、文化、历史、地理、人群的文献，包含的文献很广泛。地方文献是相对于国家典籍而言的，它涵盖了民间文献。最典型、最有代表性的地方文献就是地方志，或者地方人士的诗文集之类。这些肯定不是民间文献，但是民间文献肯定是地方文献。

图：现在全国各地都有区域性的民间历史文献，是否可能进行对比研究，或者是整体研究？

刘志伟：目前还没有，或者说这种研究还不成气候。很多收藏和研究单位都还在收集、整理的过程中，都在探索各个地方收集的民间文献可以做些什么研究。目前做得比较好的是石仓契约、清水江文书，但是互相之间的比较，或者互相之间建立某种相关性或者整体性研究，我认为条件还不具备。当然，目前整理研究成果最丰富的还数徽州文书。学界用徽州文书做的研究已经涉及很多领域，包括日本的学者、欧美的学者以及中国不同学科的学者，都做出了很多贡献。研究成果的规模、研究视野、所牵涉问题的深度和广度，都领先于其他区域的文书。很多其他地方的民间文书的研究，或多或少，或有意识或潜意识，都以徽州文书研究为基础，或者以徽州文书的研究作为参照。但这一点，还不能说已经有很明显的自觉。

图：傅衣凌先生在他的《福建佃农经济史丛考》一书序言中提出，社会经济史研究要有社会科学的概念，要找民间的资料，要做社会调查。您认为民间历史文献对经济史研究的核心价值在哪里？

刘志伟：价值就是它反映的是实际的生活，是现实中人与人之间的关系，是处理某件特定的事情时形成的文字。在这一点上，它是真实的。但是，用语言文字去处理实际问题的时候，可能是通过说一大堆谎话达到目的的。比如，写一封信可以编造一大堆东西，但是为什么要编造这堆东西呢？背后一定有动机和目的，用这种表述方式写出来而达到某种目的，收到写信人希望的效果，这点是最真实的。因此，民间文书的价值，就不一定是看里面的内容是真实还是不真实，对于这一类文书来说，其真实性不在于里面文字表达的内容，而在于它是在实际生活中处理现实的问题，这点是真实的。就算通篇都是谎言，一定也有某种目的，一定也是在处理某种关系。所以对于社会经济史来说，为什么特别重视民间文献？因为社会历史研究的是人们实际社会经济的关系和他们的活动，只有在这里才能够得到第一手的、直接的材料。

图：那么使用民间历史文献应该把握什么方法和原则？与以往历史学所使用的官修文献的解读有什么不一样的地方？

刘志伟：首先要明白，民间历史文献是在人们的实际生活过程中产生的，这些文书处理的是现实生活中的问题，是人们当时要面对、要处理，还要用当时有效的办法去处理的问题。里面的内容讲了什么，应该放在这样一个角度去分析和处理，而不只是对内容做简单的复述，这是最基本的，跟使用一般的历史文献是更多依据其中讲述的事实不一样。其实，所有历史文献从史学方法来说也需要采用这一个角度，但是大部分情况下，还是把它的记载当成是对事实的记录或者描述，所以那时候才有用不同文献讲述的事实互相印证的问题。民间历史文献一般不是从互证的角度去使用。人家当时就是用这种文字书写去处理他所要处理的事情，由不得我们去评判正确与否。比如契约，就是两家或者两家以上发生经济关系的时候，用这种方式来定义和界定他们的经济关系；又比如账本，就是当时人们需要把账目记录下来，至于账目记得准不准，是没办法印证的，就算有印证又怎么样呢？说这个人做假账，但做假账也是为了某种目的去做嘛，这就是历史事实。

我们现在有些研究，是拿一件文书或者几件文书去解读、印证某种观点，这其实就是把民间文献跟普通文献用同样的方式去处理。比如最常见的契约，契约上讲了一些什么概念，讲了什么关系，就拿着这个来发挥。但是对于民间文献，既然在理想情况下它是在实际生活里，面对实际的问题而形成的文字，就尽量要回到它的现场。当然要真的回去是不可能的，时间回不去，但是至少空间要设法进入，然后要通过自己的想象力和一种同情的理解，让自己身处其境，尽可能去理解当时这样做是在处理什么事情，为什么这样去处理，用这个契约处理这种关系为什么是有效的。也就是要把自己拉回到历史现场。这个拉回历史现场，很多时候真的是靠想象力，也依赖空间的进入，依赖生活的经验。

图：在长期的徽学研究中，学者因为获取资料的局限性，只看到了十几件甚至几十件可能有关联的文献中的一件，针对这一件做研究并且有了结论。那么在过去的徽学研究里面，是不是还存在很大的问题？

刘志伟：这些问题在学术研究里面是不可避免的。因为对于历史学者来说，永远面对的一个问题就是能得到的材料其实都是零碎的，不可能有完整性。完整性只是一个理想的追求，我们追求整体，追求关联性，但有多少材料说多少话。不过，要避免的是单纯拿着文书望文生义，因为这样的话，跟拿着传统的史籍解读，在方法上还是一样的。

我们在研究中面对的问题，不在于多件还是单件，而在于文献之间是不是有关联的。文书本身的关联性是非常重要的。我们历史学者很多时候受限于史料的缺失，做研究时，常常把没有关联的两个文书放在一起。比如说，这个人的书里面有几句话这样讲，那个人的书里面有几句话这样讲，拿来互证。但是哪怕他们讲的是一模一样的话，也不一定是在处理同一件事，牵涉到的主体、目的和动机也不一样。把它们放在一起，往往得出来的解释，其实只是想当然。

图： 那您认为徽州区域史研究目前是处于什么样的程度？

刘志伟： 这个比较难讲，因为不同的人做的事不一样。早期就是 20 世纪 80 年代，或者 90 年代以前，基本上社会经济史是搞清楚文书里的一些基本的概念，包括租佃的关系、土地买卖以及里面所反映出来土地占有的状况，后来慢慢转到关注一些社会组织、社会人的关系，现在开始关注的比较重要的包括女性，一些宗教活动、信仰等，但是这些都是很初步的。我觉得现在最大的问题是没有把这些文书真真正正地带回到历史现场、回到特定时空去解释，但是这个太难了，只能一步步来。

图： 您刚说 20 世纪 80 年代的时候，通过契约已经研究了一些背后的制度关系了，那现在文书中大部分都是契约，会不会已经没有有价值的研究空间了？

刘志伟： 有没有价值，要看你提出的问题是什么。比如说，20 世纪 90 年代以后，受现实关怀以及制度经济学的影响，研究者比较重视产权的问题。产权的问题在 80 年代以前多数是土地所有制和土地集中程度的问题等，但是现在大家都会注意这些产权的形态。随着提出问题的不同，会有新的价值。但是这些新的价值在学术上是不是有意义，有多大的研究前景，要在实践中慢慢去探索。比如说刚才讲到的女性问题，现在契约里面体现的这些女性角色的价值，很多时候是可以不断地被发掘出来的。而且，随着文书收集数量越来越大，特别是现在学界普遍重视文书的归户性，最近又有学者提出归群角度，都是越来越重视文书内在的联系、系统性和内在脉络，这样的话就会有新问题发掘出来，新问题的空间和前景就越来越大。在这种情况下，很难说它的价值已经被发掘尽了。

一方面是我们不断有新的问题意识，而且这些问题意识也会转变，另一方面是文书本身的多样性也在增加。文书收藏量到达一定规模后，就可能呈现出一些可以找到内在联系的东西。当数量足够大以后，从统计学的方法来看，一定会有新的空间可以发展出来。而且契约文书不但反映契约本身，还跟别的文书有关系。随着文书数量的增多，特别是随着数字化、"数字人文"的发展，还可以提出新的问题，所以前景是很可观的。

总而言之，因为文书是实际生活中处理实际问题形成的文字，所以对于我们了解它产生时的社会、人群、时间、地方等方面，随着文书数量和种类的增多，会有不同的价值空间发展起来。

图：那您认为我们怎么样尽可能地去靠近历史现场？如果我们要走进历史现场，做田野调查，您认为我们应该重点做哪几方面的事情？

刘志伟：历史现场有很多种，很多层次。一个当然是回到文书所在的地方，那里的生态环境不是可以在文书里面直接体现出来的，尽管时移世易，物是人非，现场已经改变，但还是需要到现场去认识和体验。再一个就是那里的人，虽然是现代的人，但是那些人在那个地方继承着一代一代留下来的遗产，各种各样的遗产、观念、习俗以及做事的方式，都是做研究要了解的内容。应该跟当地的老百姓合作，走进历史现场是走到老百姓那里去，而不是只和当地的学者或研究中心进行交流。

不过，我觉得这是我们历史学者的责任，图书馆的文献工作就不一定非要去做这些了。图书馆等收藏机构的重点就是确认和记录文书的来源地，尽可能搞清楚文书的流传途径，这已经很好了。

图：关于文献来源地，除了文本与可能的收藏历史，现

在只能通过这两条途径去了解吗?

刘志伟:基本上是,这些能了解多少就算多少吧。只要能够提供一些辅助性的帮助,就可以给研究提供很大的助力了。比如说,研究者拿到这个资料,就能知道这个资料的来源,资料存在的形态,一些专有名词,或者人名、地名信息,确定文献的空间和时间等。

图:针对这个问题,如果面对历史学者或者历史系学生,您会怎么回答?

刘志伟:要看他想做什么研究。因为不同的研究,关心的问题不一样,希望解决的问题和需要建立起的解说也是不一样的。

图:郑振满教授提出的民间历史文献学是指什么?从图书馆等公藏机构角度来说,民间历史文献学应该是什么样的定义或者概念?

刘志伟:郑振满教授大力主张用民间文献来研究、解读历史,他的"民间历史文献学"其实更多的是解读民间文献的学问,而图书馆应该是借助历史研究的成果来整理、研究文献。比如说契约，因为已经有很多的研究，所以大概知道契约的基本特性、契约的类别、契约上文字内容的表达方式、词语的内涵，就可以进行一定的整理和著录。但是人物的关系就不是图书馆能处理的，民间文献里很多人物名不见经传，同一个人有不同的名字写法，同样的名字有不同的人。传统文献学也有这种问题，但它有很多线索可以去追查，民间文献整理，传统的方法常常就无能为力了。

图：您是否反对图书馆作为文献整理者参与历史研究？

刘志伟：我觉得你们不要太多地参与历史研究，但是时时处处要有历史研究的眼光和学术关怀，要和历史研究有对话。图书馆作为公藏机构，主要还是在文献学方面着力，在徽州文书整理成果的基础上逐渐形成一套适用于民间文献学的研究方法，建立起一套体系。历史学在研究过程中，也会在文献学方面形成很多思考，也有很多经验，也会提出问题，这些问题其实也是对文献学和图书馆提出的一些要求、期待或者需求。所以在这个过程中，公藏机构需要持续地和历史学者进行很多对话，虽然各自有各自学科领域的范式和话语系统，但是在很多实质的内容上、很多的思路上是可以有启发的。不过你们一定要坚持图书文献学本位。

图：除了用历史的方法来整理民间历史文献，您认为民间历史文献学和传统文献学的区别是什么？

刘志伟：比如说，民间历史文献的分类，也就是目录学的问题，跟传统文献肯定不一样，元数据的体系也不一致，必须建立另一套分类法。最基础的，就是民间历史文献要依据其特性和历史研究的成果、方法来整理，在整理的过程中同时建立起规范。

图：我们的民间历史文献分类借鉴了很多图书馆学、档案学、目录学原有的分类方法。

刘志伟：这个是可以的。一方面要借鉴，因为民间历史文献学不可能离开原有学科的范式，但是另一方面又不同于传统文献学，必须有另外一套规范和系统，这两者之间并不矛盾。

图：所以民间历史文献学依然要借鉴传统文献学？

刘志伟："借鉴"的说法不准确，是要在原来的范式下建立起一个适合呈现民间历史文献特性的体系，但是这个体系的每一个部分、每一个类别可能都跟传统文献学不一样。这两者之间既有关联又有所不同。任何一门学科无论如何革新，都不能从头开始另起炉灶，另起炉灶就会杂乱无章，使人难以理解，始终是要扎根在原有的学科范式里面。

图：您认为这本书（按：即《民间历史文献整理概论》）的主要价值有哪几方面？

刘志伟：比较系统，比较有体系，比较有整体性，尤其是刚才讲的文献学的问题。

图：接下来想就数字化和整理工作的问题向您请教，现在厦门大学郑振满教授也在做民间文献的数字化，您可否介绍一下经验，他主要做哪个区域文献的数字化？

刘志伟：我觉得他们的做法挺好的，主要在福建的永泰地区。他就领着一群学生带着全部的扫描设备到村子里。我跟着他们进去村子里，亲眼看见他们找了两三户人家把文书拿出来，一个村子几千件文书，完完整整的就是原来箱子或者竹篓的样子，然后他们就马上在那里拍照、扫描。

图：从不同侧面来看待问题，比如从收藏的角度和长期保存的角度，那些做法，文献本身没有得到足够的保护。

刘志伟：我不是说拿到什么，而是他收集到的文书，从完整性、在地性到数量，其他地方都没办法比。我跟他走了三五个乡村，就已经收集了数千件文书。据说他们在永泰县已经收集到了数以万计的文书。他们每次去一个村就几天，就有这样的规模，令人妒忌！但是我们也有比他有优势的地方，他们图书馆的人没有直接参与，而我们在图书馆有专藏库，这个方面我们现在比他有优势。保护方面，当那些文书在村子消失了的时候，那些数字化的图像资料，本身就是文献。现在很多地方，那些文书还是老百姓家里的宝贝，人家不会给你走。你想带走，人家根本不给你看，更别说拍照、扫描。

图：在大数据时代，您认为民间历史文献开发与研究有哪些新的方向？

刘志伟：你是讲远景还是讲眼前？谈远景的话，其实只能是一些梦想，因为现在还没有这套工具，还没有这样的理想平台。我的梦想主要是在云计算的层次，我期望有一个没有边界的、可以建立无限关联性的数据空间，这是一个无限大的系统。现在史学界所谓大数据，其实全部都是微量数据，真正的大数据是每一秒都数以亿万计地产生，是一个只靠人力无法把握的数据变量。历史学不只是处理清代以前的历史，如今高德地图、百度地图每天的交通信息，未来也是历史数据，而且肯定是大数据。未来所谓数字化历史学，真正的任务不是处理书写排版活字印刷时代的历史，而是需要处理用数字化的整套工具去生活、去处理现实问题的历史。也就是说，我们现在努力去推动"数字人文"，是为了50年、100年后的历史学者有一套办法、有一套历史学的手段研究我们今天的历史。

图：那目前民间历史文献的研究能否用到大数据技术？

刘志伟：能用到。民间历史文献以后最大量的，起码现在可知道的最典型的"民间文献"就是微信上的信息。目前的"数字人文"是为以后历史学或者历史文献学或者文献学的发展而进行的最初步的探索，我们必须从零开始，从人力有可能处理的数据开始。历史学也应该把现在收集到的这些历史文献进行数字化，再建立数据库，慢慢发展起来，一步一步到了50年后，就有可能处理现在微信一类传播媒体形成的数据了。如果我们现在不开始探索，在人文学科或者社会科学的领域连这种意识都没有，不从零开始，不从基础数据开始，那么以后人文学科就会失去解释我们自己的社会文化的能力。

图：请您谈谈民间历史文献数据化需要注意的问题。

刘志伟：数据化不能够当作一件事情一揽子完成。目前我最关心的，第一是编目整理，就是如何尽量保存文献之间的系统性与相关性。这是最基础性、最前提性的事。第二是文书的保护，文书作为物质载体的保护。文书进行图像数字化后就可以避免在整理、利用过程中的损坏，减少直接接触文书的次数，尽可能地保护文书原件，这也是比较迫切的问题。第三是利用的方便。如此大量的文书，如果都用调阅原件的方式，利用起来很不方便。前面三点都可以用数字化图像的方式来实现，同时还要有一个目录索引系统。

当然这几个还都是很初级的，真正的数据化目前是达不到的。理想中的数字化当然是全文录入，但是在目前还做不到的时候，也许可以用提要的方式，或者多加一些关键词检索。建立全文数据库耗时耗力，单就中山大学图书馆的这批文书来说已经是一个巨大的工程，而只有建立起全文数据库，才真正谈得上数字化。民间文献的全文录入和档案或者传世文献的录入是不一样的，里面涉及文字的辨认、异体字的处理、复杂格式的处理，这些都是很难解决问题，需要长期的探索，所以数字化一定是一个长期的工作。全文数据库建立以后，就要建立各种计算平台，但这需要利用民间文件的学者的研究能够跟得上。现在最大的困难是学界的研究无法跟上发展的需要，学界对什么是数字化还没弄清楚，懂数字化的不懂历史，懂历史的却不懂数字化，这是目前非常严重的困境。

图：您怎么评价中大图书馆在徽州文书整理与研究方面的工作？

刘志伟：我前面说过，学界在徽州文书领域已经耕耘多年，像栾成显、周绍泉、刘伯山、曹树基、王振忠等学者，他们有非常好的学术见地、学术眼光和学术素养，为徽州文书整理研究工作奠定了非常好的基础。在他们的基础上，你们能从一个公藏机构整理者的角度出发，从文献整理、文献学的角度出发做一些徽州文书的整理、研究，这也是一种很好的研究尝试和学术贡献。

图：古籍、碑帖、文物都有相应普查，您认为民间历史文献有没有必要做全国性的普查？

刘志伟：对于清代以前的文书，我认为非常有必要，但是目前比较困难，因为民间文献还没得到足够的重视。从鼓吹到实践，至今已经超过100年了，还是步履维艰，只能不断地呼吁，走一步算一步，这是一个漫长的过程。

图：我们馆的徽州文书大部分是从老百姓手里收集来的，不管原来是否属于官府，但是缺少华南区域史研究中所关注的当地的碑刻、遗迹，这部分东西是否要补充进去？

刘志伟：作为徽州文书整理文献学的研究，不一定要做到这么完整。从理想状态来说，研究者应该自己去收集。比如图书馆传统四部之书的收藏，你能够为研究者着想，把所有版本都收集齐吗？

图：但是在数字人文的发展趋势下，资料越多的话，发现的历史脉络关系会更容易、更清晰吗？

刘志伟：理论上当然没有错。但是现在在这点上还缺乏太多共识，因为最基本的、海量的文献资源需要有一个没有边界的网络。平时所说的云端，其实更多的是强调没有边界，是无限扩大的。要用同样的结构去建立数据库平台和计算平台，计算平台可以变，但是我认为能够共享的数据库平台建设才是当务之急。不过这可能是最难做到的，在实践中我们能做到的就是大家都各做各的。现在不要说民间文献了，图书馆文献的那些数据库也是各做各的，那些方志库永远都不可能打通。

图：对于民间历史文献来说，人才培养、整理队伍应该具备哪些专业素养或者知识？

刘志伟：文献学知识是基础，同时也需要有其他学科尤其是历史学素养，还可以有一定的民俗学、人类学、宗教学、法学知识。不一定需要图书馆有这些人，但是需要有这些学科的学者做支撑，包括咨询和指导。

图书在版编目（CIP）数据

溪畔灯微：社会经济史研究杂谈 / 刘志伟著.
—北京：北京师范大学出版社，2020.5（2021.12 重印）
（行者系列）
ISBN 978-7-303-25788-1

Ⅰ.①溪… Ⅱ.①刘… Ⅲ.①中国经济史－研究
Ⅳ.①F129

中国版本图书馆 CIP 数据核字（2020）第 063312 号

营 销 中 心 电 话　010-58805385
北 京 师 范 大 学 出 版 社
主题出版与重大项目策划部　http://xueda.bnup.com

XIPAN DENGWEI
出版发行：北京师范大学出版社　www.bnup.com
　　　　　北京市西城区新街口外大街 12-3 号
　　　　　邮政编码：100088
印　　刷：鸿博昊天科技有限公司
经　　销：全国新华书店
开　　本：889 mm×1194 mm　1/32
印　　张：10.75
字　　数：206 千字
版　　次：2020 年 5 月第 1 版
印　　次：2021 年 12 月第 2 次印刷
定　　价：49.00 元

策划编辑：宋旭景　　　　　责任编辑：岳　蕾
美术编辑：王齐云　　　　　装帧设计：王齐云
责任校对：张亚丽　　　　　责任印制：陈　涛　赵　龙